MITOLOGÍA HINDÚ

Plutón
Ediciones

SERIE
MYTHOS

MITOLOGÍA HINDÚ

◇◇◇◇◇◇◇◇◇◇◇◇◇◇◇◇◇◇◇◇◇◇

JAVIER TAPIA

Diseño de cubierta y maquetación: Saul Rojas Blonval

Edita: Plutón Ediciones X, s. l.,

          E-mail: contacto@plutonediciones.com
          http://www.plutonediciones.com

Impreso en España / Printed in Spain

I.S.B.N: 978-84-10233-08-9
Depósito Legal: B-5815-2024

Prólogo:
Samsara,
la rueda de las reencarnaciones

Yo solo les deseo
la dicha eterna
de caminar sin prisa,
cada día, cada año, cada vida.

Sin duda, lo más característico de la mitología hindú es el tema de la reencarnación, es decir, la idea de que vivimos más de una vida, pues al morir, en lugar de ir al cielo o al infierno, el ser se reencarna en otro ser vivo, generalmente en otro ser humano, aunque existe la posibilidad de involucionar y reencarnar en un animal, en una planta o hasta en una piedra.

En el caso de que las sucesivas reencarnaciones sean positivas, el ser acabará por liberarse de la vida física y acceder al mundo espiritual en plena consciencia, para fundirse finalmente con el todo, o con el eterno continuo, todo luz y todo perfección, ahí donde ya no hay ego ni deseos ni necesidades.

Si la vida es un aprendizaje para lograr la liberación espiritual, como diría Mahavira, ¿cuántas vidas necesitamos para hacer lo correcto, aprender lo esencial y encontrar la salida de este mundo material?

¿Una?

¿Un millón?

¿Ciento cuarenta y cuatro?

Todo un misterio.

Reencarnar da la posibilidad, según el budismo, de evolucionar y mejorar vida tras vida, con un karma positivo y realizando el dama depurativo cada nacimiento hasta alcanzar el Nirvana, que es más un estado de consciencia que un lugar, y lograr así escapar de Samsara, la Rueda de las Reencarnaciones.

Pero, ¿reencarnamos o no reencarnamos?

Tal parece que, al menos, nuestros genes sí lo hacen, y que en cada célula de nuestro cuerpo actual llevamos inscrita una memoria genética desde que éramos seres unicelulares, pasando por todas las etapas evolutivas que han decantado en lo que somos ahora.

El ciclo de las reencarnaciones

Nuestro cuerpo tiene memoria del pasado lejano a través de la línea sucesoria de nuestros antepasados, por lo que a veces nos sorprendemos a nosotros mismos con una habilidad física que desconocíamos tener y para la cual no nos habíamos entrenado en esta vida.

Nuestra mente viene a este mundo con una serie de habilidades no aprendidas, tanto para las artes como para las ciencias. Tenemos talentos y facilidades para unas actividades, y torpezas para otras.

Podemos aprender en esta vida, pero la habilidad es innata, y mientras con esfuerzo logramos un aprendizaje, vemos que el de al lado lo hace mil veces mejor que nosotros sin el menor esfuerzo.

Nuestra alma, con sus sentimientos y emociones, ya viene cargada de sensibilidad o desapego, por lo que aquello que motiva a unos deja completamente fríos a otros. Todos tenemos sentimientos, por supuesto, aunque muchos de ellos son en realidad puras convenciones sociales, pero no todos somos igual de sensibles o de impresionables, sin hablar de las intuiciones, las inspiraciones y las capacidades creativas a las que en Occidente llamamos Musas.

Algo se reencarna, algo pasa de generación en generación, de familia en familia y de persona en persona.

Para las creencias hindúes, por supuesto, se reencarna todo, y el alma recupera su corporeidad en un nuevo cuerpo, pero la mente y el alma son las mismas de siempre, porque el espíritu que las alienta es eterno, como lo es el Eterno Continuo de Luz que da lugar a la existencia.

¿VIVIR O EXISTIR?

"¿Dejar de vivir?", dijo el santón hindú, "no, lo que yo quiero es dejar de existir".

Dejar de existir y abrazarse a la nada absoluta y reconfortante, superar las vidas física, mental y anímica, e incluso superar la existencia espiritual para lograr finalmente la paz y la armonía anheladas.

Para el lego dejar de vivir es terrible, y se consuela con la reencarnación, pero para el santón incluso la existencia espiritual puede ser una carga, una cadena que lo ata a Samsara y no le deja ser libre totalmente, sobre todo si pasa por el proceso del Áureo Florecer.

MATEMÁTICAS Y REENCARNACIÓN

¿Cómo se explica que, de unas cuantas personas que eran el mundo, hoy existan más de ocho mil millones de seres humanos?

La reencarnación de uno en uno no puede aumentar la población.

Existe la teoría de Las Almas Nuevas que apenas si están empezando su camino evolutivo, con lo que se explicaría en parte el número y la ingenuidad de la mayor parte de la humanidad, que se deja engañar fácilmente porque carece de conocimiento vital y de experiencia.

El Eterno Continuo vibra, y al vibrar produce jivas, puntas de su luz que se convierten en vida humana, y su producción puede ser infinita, con lo que el número de nuevos y viejos seres estaría garantizado.

Otra teoría es la del Áureo Florecer que les ocurre a los santones cuando mueren, proceso en el cual su alma se divide en mil pétalos, o jivas, que dan lugar a mil nuevos seres humanos. Es decir, que por un santón muerto nacen mil personas nuevas, entre ellos el mismo santón, que puede ser solo uno, o varios, como sostienen los lamas tibetanos; por eso, cuando muere un lama, sus compañeros se lanzan a la búsqueda de una o de varias de sus reencarnaciones para protegerla y llevarla al templo donde pertenece.

El Áureo Florecer

La mitología hindú es fuente de muchos mitos y leyendas en otras culturas desde el principio de los tiempos, por eso no es nada raro encontrar teorías supuestamente milenarias, aunque inventadas hace pocos años, que sitúan al Áureo Florecer en Egipto o entre las huestes de la Rosacruz, del gnosticismo o incluso de la nueva era cristiana, todo con el fin de explicar el fenómeno numérico de la reencarnación, cuando, para los hindúes, no era ningún misterio, sino un hecho palpable, con recuerdos de vidas anteriores perfectamente contrastables.

EL DESPERTAR

Para el budismo, el liberarse espiritualmente no es otra cosa que despertar y darse cuenta de que esta vida es Maya, ilusión, un sueño oscuro de la verdadera existencia, una existencia real y lúcida que se llama Nirvana, a la cual todos y cada uno de los seres humanos pueden acceder de manera inmediata a través de la iluminación, en una sola vida, en un solo instante, sin tener que pasar por los espantos y horrores de la muerte física, y por el no menos traumatizante nacimiento físico que experimenta todo recién nacido.

Nacer y morir, morir y nacer es siempre doloroso, sobre todo para las almas que permanecen dormidas vida tras vida, porque en dichas experiencias el ego se rompe constantemente y mantiene en un estado de confusión continua al ser: un mal sueño que lo mantiene atado a Samsara, la Rueda de las Reencarnaciones.

Incluso los dioses y los despiertos reencarnan, como Krishna y como Buda, pero, en líneas generales, lo hacen en plena consciencia, es decir, que saben que no mueren realmente, sino que cambian de estado.

Buda y la reencarnación consciente

"Esperaré hasta ver a espalda del último ser humano entrando al Nirvana", dijo Buda en su primera reencarnación lúcida, dando a entender que reencarnaría las veces que hicieran falta hasta que el último ser humano estuviera despierto y consciente de su espiritualidad, libre por fin de la Rueda de las Reencarnaciones.

Introducción:
El Sendero en el Laberinto

Yo solo les deseo
la dicha eterna
de caminar sin prisa,
paso a paso,
cada día, cada año, cada vida.
J.T.

Bienvenidos al maravilloso mundo de la mitología hindú, una de las mitologías más diversas, complejas y espirituales de la historia de la humanidad, que va desde las más imaginativas supersticiones con cientos de dioses, hasta la elevación espiritual, conformando y mezclando las más variopintas religiones y pensamientos mágicos y místicos, con una gran influencia en Oriente y Occidente, conformándose como cultura madre de lengua, escritura y pensamiento en buena parte de este planeta.

Hay quien defiende el sánscrito como primera lengua escrita, por encima de la escritura cuneiforme, muy cercana en el tiempo, pero más rústica y mucho menos elaborada gramaticalmente hablando.

La realidad es que no se sabe qué lengua fue primero, como tampoco se sabe a ciencia cierta cuándo empezamos a hablar los seres humanos, ni cuál fue el primer idioma reglado. Se cree que el sumerio fue el primer idioma escrito, pero bien podría haber sido el lamelio, que aún no ha sido descifrado, o cualquier otro que se encuentre enterrado y ajeno, de momento, al conocimiento arqueológico.

La historia de la humanidad es un laberinto que seguimos recorriendo día a día sin encontrar la verdadera salida.

Hay una historia oficial que a menudo es interesada, absurda o del todo falsificada, más mitológica que todas las mitologías del mundo, y, sin embargo, para muchos estudiosos es lo único que tenemos e insisten en llamarle ciencia, o ,al menos, punto de partida para nuevos descubrimientos o elucubraciones, lo que nos lleva a otro laberinto en el que ni siquiera hay salida.

El pensamiento humano es rico y muy imaginativo, y respuesta que no encuentra se la inventa directamente, o se la adjudica a unos seres invisibles, los Vedas en la India y los dioses en Occidente, con conclusiones de lo más disparatadas, aunque a menudo parezcan de lo más lógicas y certeras.

El laberinto de la imaginación humana que se decanta por la mitología, y que a veces se convierte en historia o en creencia espiritual es más real que las piedras de la montaña.

Miles de años de mitología hindú no pueden estar del todo equivocados, porque hasta la imaginación se basa en experiencias, sensaciones, visiones, realidades e interpretaciones del mundo que nos rodea, y del mundo que llevamos dentro, que también está lleno de intuiciones y de sueños, y que es tan real y sensible como el mundo externo.

Los seres imaginarios, vedas o dioses, no son entonces tan imaginarios, porque tienen presencia y peso en nuestra vida cotidiana. Son y están, los podemos ver, sentir y presentir.

El laberinto de la mitología hindú nos lleva desde lo más arcaico y antiguo de las creencias míticas del Valle de Harappa, hasta los cientos de sectas de la India actual, donde el hinduismo no ha dejado de ser la fuente principal a pesar de las dos Triadas, o Tridosha, los libros sagrados como los *Vedantas, Mahabarata, Ramayana* y *Upanishads*, y movimientos espirituales que prescinden de Vedas y dioses como el jainismo y el Budismo, para dejar en el ser humano la responsabilidad del crecimiento personal y la liberación espiritual.

En este laberinto se enlazan y entrelazan el fenómeno de la reencarnación con la astrología kármica, donde cada persona tiene un lugar y un sentido en el mundo para desarrollarse y alcanzar el máximo nivel, desde lo más bajo hasta lo más alto, en una disposición de clases, tanto social como espiritual, donde cada persona tiene una tarea determinada según la fecha de su nacimiento:

-Los que nacen para crear y decidir.
-Los que nacen para administrar y sembrar.
-Los que nacen para comunicar e intercambiar.
-Los que nacen para el hogar y la alimentación.
-Los que nacen para gobernar y reinar.
-Los que nacen para servir y curar.
-Los que nacen para armonizar y equilibrar.
-Los que nacen para guerrear y destruir.

-Los que nacen para creer y viajar.

-Los que nacen para ascender y medrar.

-Los que nacen para pensar y descubrir.

-Los que nacen para sentir y desear.

Cada quien desde su propia etnia o clase social, donde un paria puede llegar a ser Brahman por iluminación o por el ciclo de las reencarnaciones, aunque, eso sí, quien nace paria tiene más posibilidades de reencarnarse en paria que en cualquier otra clase, pues su aprendizaje es mucho más cruento y más largo.

A pesar de las clases y las dedicaciones vitales, no hay ser, animal o persona que no tenga en su interior la semilla de la divinidad, la jiva o espurna del Eterno Continuo.

Para Buda hemos venido a este mundo a sufrir, un sufrimiento que nace de los deseos y de los apegos; pero para Mahavira, tampoco es necesario sufrir tanto y se puede elevar el espíritu desde la armonía y la felicidad.

Abolir las clases, para ambos, era deseable, pero prácticamente imposible, pues el orden natural de los seres es la jerarquía, el liderazgo, con una amplia base de servidores, y una pequeña cúspide de mandatarios, donde no todos desean la responsabilidad de mandar, porque prefieren la comodidad de servir, algo que solo se puede superar con la iluminación que conduce a la liberación espiritual.

SEXO SIN PECADO

Durante milenios la mitología hindú ha tenido el sexo como algo placentero y sagrado, sin pecado alguno aunque respetando las normas sociales del matrimonio, con hombres y mujeres destinados al sexo como actividad social y profesional (las personas nacidas a finales de Escorpio y principios de Sagitario), un libro de texto sexual, el *Kama Sutra*, un yoga que sublima la sexualidad, el Tantra Yoga, y un arte escultórico claramente sexual y a la vista de todo el mundo.

La sexualidad hindú a la vista de todos

La vejez aminora todas las pasiones, y pasa de la potencia, las pasiones y los enamoramientos al cariño y al cuidado.

No todas las personas están obligadas a una sexualidad activa, de la misma manera que para nadie está prohibida la sexualidad en la India milenaria, algo que ha cambiado desde la llegada de las religiones judeocristianas como el cristianismo, el catolicismo y el islam, rompiendo el equilibrio de las relaciones y haciendo de algo libre y natural, el sexo, algo sucio, sórdido y prohibido, donde las mujeres han llevado la peor parte, a pesar de que se sigue adorando a Parvati y a Kali.

El matrimonio lleva milenios siendo sagrado, pero hasta hace muy poco inhibe la sexualidad y recluye su práctica en la intimidad en el mejor de los casos, dejando a la prostitución, antes sagrada y respetada, en el peor de los lugares de la sociedad, propia de parias y de desheredadas.

VEDAS DEMASIADO HUMANOS

¿Los dioses se parecen a los hombres?

¿O los hombres se parecen a los dioses?

¿Quién creó a quién?

Si los dioses aman, odian, pelean, matan, hacen la guerra, sufren pérdidas y viven en perpetuo conflicto, podrán ser seres de otra dimensión, pero no por eso más elevados que los hombres.

Hacen milagros y son poderosos, pero no suelen ser especialmente sabios, doctos ni espirituales.

Precisamente una de las razones por las que Mahavira, el padre del jainismo, apostaba por una creencia espiritual sin dioses, era porque los Vedas eran demasiado humanos, con más defectos que virtudes, poco espirituales y demasiado vengativos y celosos.

Por ejemplo, Ganesha, dios de la fortuna, promovía la pereza, el juego, el azar y, en fin, el lograr las cosas sin esfuerzo; de la misma manera que Krishna promovía la vanidad y los privilegios solo por haber nacido rico y hermoso, dejando a los pobres y poco agraciados físicamente fuera de juego. Brahma lo daba todo a los de su clase, y no daba nada al resto.

Los Vedas no eran justos, buen ejemplo ni tampoco necesarios, sino una especie de aprovechados que favorecían a unos y desfavorecían a otros por puro capricho y, por supuesto, necesidad o superstición de sus seguidores, los cuales jugaban a ser amos y esclavos de sus dioses, a la vez que caían en violentos fanatismos llenos de violencia y de muerte.

En este sentido los dioses no eran nada buenos, y no podían ayudar a nadie a ser mejor o elevar su consciencia, sino todo lo contrario.

Buda no llegó a tanto, pero tampoco entendía la presencia de los dioses en el camino y el desarrollo espiritual, entre otras cosas, porque para Buda cada quien tenía su propio sendero a seguir, único, personal e intransferible, apartado de los dioses y del resto de los seres humanos: "que nadie me siga y que no se creen escuelas ni templos en mi nombre", dijo en Benarés antes de partir al Nirvana, "porque cada ser ha de seguir su propio camino".

Hoy en día el jainismo y el budismo tienen millones de seguidores, pero parece que ninguno de ellos hace caso de las enseñanzas de sus maestros, pues el hinduismo y sus dioses, tan complacientes como terribles, siguen estando presentes en el laberinto de las religiones que conforman la mitología hindú.

Tampoco faltan lenguas, como el tamil y el indi, que a menudo no se entienden de una región a otra, con un inglés (gracias a cien años de ocupación inglesa) muy particular que no llega a todos sus pobladores.

La India Británica

Su historia es tan larga como laberíntica, con el Tíbet por montera y Pakistán liberado tras ser anexionado por la corona británica, que extendió hasta la China con el budismo, pasó por Birmania, tuvo y perdió a Bangladés, fue medio oriental a través de Bagdad y Besora, inundó de metal el mundo conocido, y mantuvo su esencia a pesar de todo a través de sus mitos y sus creencias.

Bienvenidos de nuevo al fascinante y laberíntico mundo de la mitología hindú.

I
ANTECEDENTES HISTÓRICOS:
MOHENJO DARO Y
LA FLECHA DEL DESTINO

No se puede medir el tiempo
justamente,
porque a menudo
el tiempo escapa
o el tiempo vuelve.
Proverbio hindú

Cuentan y dicen que Pakistán siempre fue la India, sin estado ni sumisión, pero la India, al fin y al cabo, e incluso la semilla de la India, donde el Valle del Indo, Harappa, y la mítica Mohenjo Daro, inician en cierta medida lo que más tarde sería el reino de la India, primero, y luego la India civilizada que todos conocemos (al menos en el mapa).

Hace más de cincuenta mil años que los grupos humanos, provenientes de África (para algunos) o de Asia (para otros), pasean por lo que hoy conocemos como la India.

Mohenjo Daro, junto al río Indo, tiene entre cinco mil y seis mil años de edad, más o menos, con una civilización impactante, cuyo pueblo desapareció hace unos tres mil años.

No parece haber rastro de radiación nuclear, a pesar de que algunos teóricos se apresuraron a decir que posiblemente era la ciudad destruida en el *Mahabarata*, pero el abandono fue real y sigue siendo un misterio.

Descubierta en los años veinte del pasado siglo, sus ruinas monumentales nos hablan de seres adelantados y preparados, y aunque las especulaciones son muchas, no se sabe a ciencia cierta quién la construyó y quiénes la habitaron.

Las ruinas de Mohenjo Daro

¿Otras razas como en el *Ramayana*?

¿Una humanidad pasada?

¿Qué flecha del destino cruzó sus calles?

¿Por qué esa constante de tantas ciudades míticas de quedar enhiestas pero desiertas?

¿Por qué, una vez vacía, nadie volvió a ocuparla?

¿Evacuación celestial?

¿Paso a otra dimensión?

¿Guerras, pestes, terremotos, sequías, catástrofes, migraciones forzadas?

O simplemente cambio de aires de sus habitantes.

LA SEQUÍA UNIVERSAL

Resulta, por lo menos, curioso que un fenómeno tan terrible como la sequía no cuente con mitos y leyendas como los diluvios o las inundaciones, a pesar de que algunos expertos aseguran que las sequías fueron las responsables de la desaparición de civilizaciones enteras, como la maya o la de Mohenjo Daro.

No hay sequía universal en los anales de las mitologías, al menos no hasta ahora, porque quizá el día de mañana alguien descubra una civilización con la que no se contaba y que hable de una sequía como la del Cretácico Superior que durara un millón de años y acabara no solo con ciudades míticas, sino con la flora y la fauna de casi todo el planeta,

Tan amantes que somos de las extinciones masivas, sobre todo si supuestamente son culpa nuestra, y a pesar de ello no hemos tomado en cuenta una terrible sequía como fuente de castigo divino y desaparición de personas a lo largo de la historia.

Los mitos científicos modernos sí las toman en cuenta, más que los que las sufrieron, y eso que Agni, el dios tradicional del fuego hindú, era capaz de convertir en desiertos regiones enteras.

Lengua y escritura

Si nos atenemos al sánscrito como lengua madre indoeuropea, con una edad cercana a los seis mil años, quizá menos, quizá más, la mitología hindú sería tan antigua como la sumeria, la egipcia y la china, sobre todo en lo que respecta a su Primera Gran Trinidad, o Tridosha, porque la segunda Tridosha, ya con texto sagrado y civilización de respaldo, solo contaría con un poco más de cuatro mil años, aunque hablar de fechas cuando el tema es mitológico no tiene mucho sentido, porque si algo varía en las leyendas es el tiempo en el que fueron concebidas, y no el tiempo cuando fueron contadas, porque ese se puede adivinar por el contexto histórico del texto y del narrador.

Históricamente, antes de ser la India, la región se denominaba Harappa, o Valle de Harappa, mucho más allá de Persia por el Occidente, el actual Irán, descendiendo por el Golfo Pérsico hasta llegar al océano Índico, con una ciudad mítica, como Mumba Devi (Mumbay, o Bombay como la llamamos en Occidente), centro de comercio e intercambio cultural desde tiempos inmemoriales.

Actualmente, la India es el país más densamente poblado y con más habitantes, incluso con más habitantes que China, y eso que en el siglo XX perdió los territorios de Pakistán y de Bangladesh, donde hay algunos millones más de habitantes que ostentan la cultura hindú a pesar de los cambios religiosos y de la expansión del islam, ya que siguen practicando los mismos ritos matrimoniales y funerarios, manteniendo sociedades de castas o de clases determinadamente definidas, y adorando a dioses locales inspirados en el más rancio hinduismo, y en algunos casos en el budismo.

Mumba Devi, o Diosa Mumba, la que le da nombre a Mumbay (Bombay), es una diosa local más allá de la Segunda Tridosha formada por Brahma, Visnú y Shiva, y de la primera Tridosha, o Trinidad Védica, formada por Agni, Indra y Suria, porque, si en China se presume de tener miles de dioses, en la India se pueden contar hasta 300 millones de divinidades, según los expertos (y quien no lo crea, que las cuente), tantas como estrellas hay en el firmamento, lo que nos da idea del carácter devocional y mítico del pueblo hindú.

La corriente brahmánica aboga por una especie de monoteísmo donde Brahma es el dios principal, aunque no el único, que da el aliento divino a la existencia del mundo y al alma de la humanidad. Visnú, el constructor, y Shiva, el destructor, son en este sentido dioses secundarios a expensas de la voluntad divina de Brahma, aunque en el fervor popular a menudo superan en carisma y fieles a Brahma, como sucede en el catolicismo con Dios Padre, donde Cristo y la Virgen son más requeridos por la feligresía.

La corriente politeísta reúne a todo tipo de dioses, legendarios o no, creencias jainistas que pretenden, como el Emperador Amarillo en China, liberar a los hombres del yugo de los dioses, y creencias budistas, que no cuentan con los dioses, pero sí con la reencarnación y la trascendencia espiritual cifrada en el ascenso al Nirvana, el paraíso celestial de las almas elevadas.

El pueblo hindú es devoto y creyente, por eso a menudo cree en todos los dioses que haga falta y en todas las religiones que se le pongan enfrente, con lo que no es raro que hablen de un dios único, que bien puede ser Alá o Jehová, o bien Buda o Brahma, e incluso Krishna o Cristo, o todos ellos dentro de un mismo calificativo divino, porque, como dice la novela, al ser único todos son el mismo, y todos ellos tienen las llaves del reino celestial.

Por supuesto, también creen con fervor en Ganesha o en Kali, en Shakti y en Arjuna, y en quien pueda abrirles una puerta a la salud, el amor o la riqueza, e incluso a la salvación y a la trascendencia, es decir, a la espiritualidad capaz de renunciar a todos los apegos del mundo.

Esa India fervorosa no ha dejado de ser racional y científica en los últimos siete mil años, pues es la precursora de buena parte de las matemáticas, la astronomía, la química, la metalurgia, la medicina, las artes plásticas y la escritura, e incluso del naturalismo y de la salud física personal que atañe a cuerpo y alma, con la práctica del yoga, por ejemplo, y con las dietas vegetarianas y hasta veganas que copian, para bien o para mal, muchos pueblos occidentales.

Cuando los griegos decían *oriente lux*, se referían principalmente a la India, porque la consideraban, y en realidad lo era, fuente de conocimientos.

EL SIJISMO

Por si no fuera poco con las religiones tradicionales y sus múltiples sectas, en el siglo XV de nuestra era aparece en la India el sijismo, una religión que hoy cuenta con más de 25 millones de seguidores, lo que la hace la sexta del mundo, basada en el monoteísmo con Brahma a la cabeza, al que llaman genéricamente "dios", pero que no es una persona, ni una cosa, sino el todo, y con quien los sijs desean unirse al final de sus días si es que superan la Rueda de las Reencarnaciones, por lo que, a pesar de todo, el hinduismo corre por sus venas.

El gurú Nanak fue su fundador con el fin de establecer un nuevo orden social ajeno a las lastimosas castas, ya que uno de sus principios es que todos los seres humanos son iguales, y todos merecen el mismo respeto.

El sijismo pretendía, sobre todo, alejarse del islam, y aunque le copia el monoteísmo, considera que sus enseñanzas son nocivas para el espíritu humano porque no libera, sino que ata y obliga, y, como el hinduismo, trata desigualmente a los seres humanos, sobre todo a las mujeres.

Nacido en el Punjab, entre Pakistán y la India, el sijismo tuvo que refugiarse en la India cuando en 1947 los ingleses abandonaron la región y dejaron en manos de los islamistas muchas de sus provincias. Los sijs eran y son pacifistas y apuestan por una vida en armonía con el universo y la naturaleza, mientras que los islamistas hindúes son y eran muy violentos, y perseguían a muerte a los no creyentes en su religión, sobre todo a los sijs cuya resistencia pacífica al estilo Gandhi, los enervaba.

Los sijs tienen sus templos en la India, USA, Canadá y Malasia, pero no son de conventos ni de monasterios, por lo que animan a sus fieles a una vida familiar.

Eso sí, cuentan con gurús como guías del pueblo (tradicionalmente son "los diez gurús guías"), pero no son exactamente sacerdotes, sino hombres sabios dedicados a dios que sirven de ejemplo de rectitud y moderación a la sociedad, y a los que se debe obediencia.

No a las supersticiones, no a los dioses violentos, no a la lujuria, no a los excesos, no al materialismo, pero sí al estudio y al comercio, a la honradez y a la rectitud, a la meditación y al deseo de unirse con la divinidad que no tiene nombre ni forma, pero que es única y no admite más creencias.

Al sij no se le obliga a nada, pero sabe las consecuencias de sus actos y debe actuar de la manera correcta para no verse atrapado indefinidamente en este planeta.

Popularmente se intentó desacreditarlos asegurando que practicaban rituales terribles, con sacrificios y extracción de corazones, y donde las mujeres eran un peligro porque no respetaban a sus hombres, pero el descrédito no pasó de unos cuantos textos y de una que otra película, y la religión sij progresó hasta nuestros días.

LAS DIVERSAS ETAPAS DE LA INDIA

Con un mínimo de seis mil años de historia, y manteniéndose viva hasta hoy día, la India ha pasado por diversas etapas históricas sin que sus creencias y mitos clásicos hayan desaparecido.

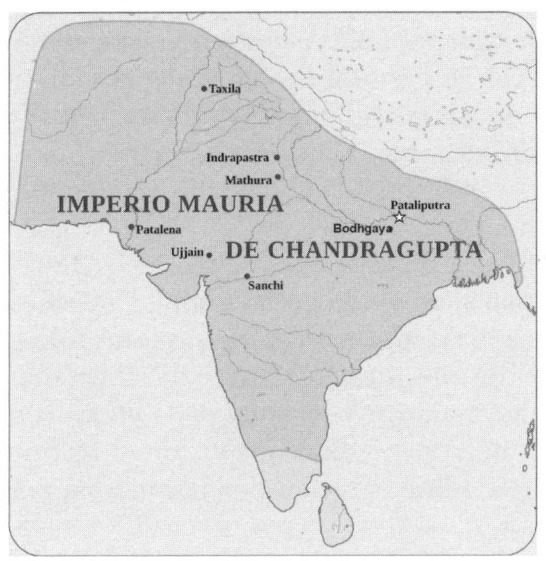

La extensión del Imperio Maurya

Después de miles de años con distintos reinos y ciudades estado como la mítica Mohenjo Daro, el primer gran imperio del Valle del Indo, fue el Imperio Maurya (o Mauria) que se extendió por Occidente a Pakistán y por Oriente por el Himalaya desde el centro de la India alrededor del siglo IV antes de nuestra era.

El Imperio Maurya se formó poco después de que la región contendiera con Alejandro Magno, para evitar intrusiones en el futuro.

La región ya contaba como eje unificador las creencias míticas y la lengua, las mismas que había extendido más allá de su territorio en siglos anteriores.

La figura más preponderante del Imperio Maurya fue, sin duda, el Rajá Ashoka, quien se sumó al jainismo con la premisa de "no violencia", un no a la guerra que, según algunos estudiosos, constituyó la ruina de su imperio nada más morir Ashoka, y que llevó a la India a una serie de terribles conflictos en busca del poder.

Le sigue la dinastía Satavájana, cuyos descendientes se han mantenido en las cúpulas hindúes hasta nuestros días, si bien su gobierno duró solo el siglo III antes de nuestra era. De una o de otra manera, esta dinastía "modernizó" la India de la época con la incursión de la moneda acuñada con el rostro de sus reyes, y la administración de la economía por parte del estado.

Cuando parecía que el Imperio Maurya iba a regresar, la secta Shunga tomó el poder tras asesinar al descendiente de Ashoka. El brahman y sacerdote hinduista, Púsiamitra Shunga, además de general del ejército Maurya, fue el encargado del atentado, para quedarse con el Norte de la India en el siglo II antes de nuestra era al mejor estilo de las tragedias griegas.

Shunga era pro-helenista y anti budista, porque consideraba que la ausencia de dioses en la religión era una blasfemia, además de ver con malos ojos el crecimiento de monasterios y monjes budistas por todo el territorio, que poco a poco se habían ido convirtiendo en un sector de influencia política.

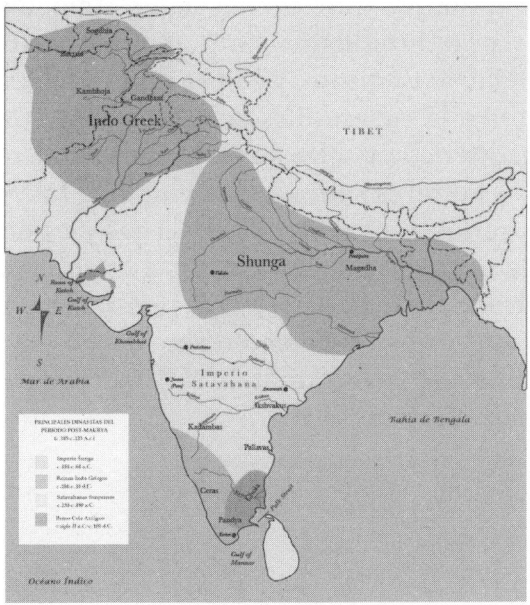

Imperio Shunga

Shunga persiguió al budismo y a sus seguidores a fuego y espada, y aunque no logró su destrucción total, sí los orilló hacia los Himalaya y recuperó a muchos fieles, por las buenas o por las malas, para el hinduismo que profesaba, lo que le llevó a nuevos conflictos, pues los helenistas, con Menandro a la cabeza, estaban más de acuerdo con las enseñanzas de Buda que con las del hinduismo.

Las guerras y batallas por motivos religiosos son

una constante en la historia de la India, y su mitología se nutre en buena medida de ellas.

La dinastía Kanva vino a sustituir a la dinastía Sunga, y aunque duró menos de un siglo, logró reestablecer el hinduismo sin pretender destruir directamente al budismo, y con la suntuosa ciudad de Magadha a la cabeza. Los generales sunga eran los encargados de la guerra sucia religiosa e ideológica, mientras los reyes kanva lucían limpios y tolerantes.

Tras varios años de luchas internas y externas, la dinastía Gupta vino a poner orden y estabilidad en la India desde el 320 hasta el 550 de nuestra era, recuperando territorios tradicionalmente en pugna, Pakistán y Bangladés, e instaurando el sistema de castas de manera oficial y ordenada.

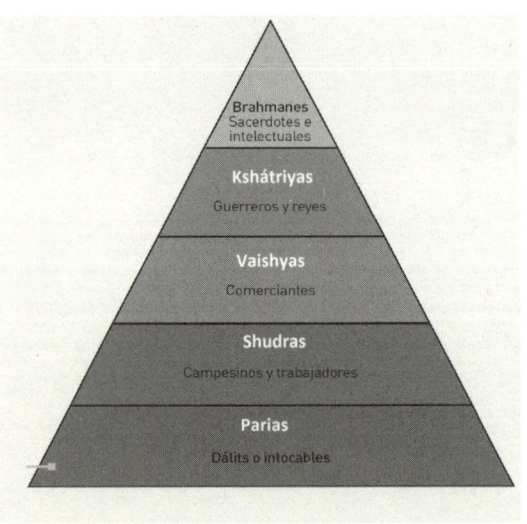

Con los parias por debajo de todo

Siempre han existido las castas y las clases sociales en la India (y en casi todo el mundo, como las *pistras* de Irán), pero nunca tan abiertamente y bien clasificadas como en el Imperio gupta, donde los parias y los intocables, los más bajos, ni siquiera tienen una casta definida porque la han perdido, y si viven en la miseria no es por culpa de los ricos y el sistema, sino por sus múltiples pecados en vidas anteriores, es decir, por involución kármica y con un dharma que no pueden asumir.

En el siglo XIII aparece el Sultanato de Delhi que va a durar hasta el siglo XVI en una India del todo medieval que se encierra en sí misma, pero que, finalmente, cede ante las presiones del Imperio mongol, que se va a hacer cargo de la India desde el siglo XVI hasta bien entrado el siglo XIX.

Este gran Imperio mogol era más turco que mongol, y más otomano que chino, centrado sobre todo en la extracción y procesamiento de metales, que en las cuestiones religiosas que seguían dividiendo y aglutinando a la población hindú, aunque, eso sí, impusieron el islam como religión oficial de la India, a menudo con verdaderas sangrías, sobre todo de los creyentes del sijismo.

El último emperador mogol, Aurangzeb, llegó al poder en 1857 tras asesinar a todos y cada uno de sus hermanos, y de hacer prisionero a su propio padre al más puro estilo romano, a pesar de ser un férreo creyente del islam, que se dedicó a perseguir no solo a los sijs, sino a todo aquel que considerara hereje o mal creyente, acabando consigo mismo y con el Imperio mogol para siempre.

Aurangzeb, el último emperador Indo-Mongol

Mientras el Imperio mogol dominaba media India, el Imperio maratha dominaba la otra mitad. Ambos imperios convivieron, mal y a las malas, durante tres siglos por lo menos, hasta que los ingleses se hicieron cargo del territorio. Lo curioso es que, de vez en cuando, los gobernantes maratha se proclamaban mogoles a sí mismos, por mucho que los verdaderos indo-mogoles no los aceptaran como tales.

Con la llegada de los ingleses hubo un nuevo orden

en las finanzas y en la producción, en la economía, en la política y en el desarrollo de las infraestructuras, e incluso de la cultura y de la educación con la incursión de las religiones católica y cristiana, o anglicana, pero muchas de sus batallas y conflictos internos siguieron el mismo derrotero tradicional de terror y muerte, sobre todo entre sectas y facciones más o menos religiosas, pero muy fanáticas casi todas.

Incluso los budistas se dividieron y pelearon entre sí, creando hasta tres escuelas búdicas bien diferenciadas, a pesar de que en todas ellas se seguía el principio de la no violencia.

Auto inmolación de un monje bonzo

Los más destacados son los monjes bonzo tibetanos, que en un exceso de celo se inmolan a sí mismos como forma de lucha o de protesta. Lo peor de todo es que es una triste realidad, y no un mito ni una leyenda fantástica.

Independencia

Desde 1947 hasta nuestros días, la India es un país libre, soberano e independiente, con la más moderna de las tecnologías a su alcance, una economía potente y una cultura sabia, estudiosa y ancestral, que, sin embargo, parece seguir viviendo como hace cuatro mil años en sus pueblos y calles, con una pobreza tremenda entre sus habitantes y un aparente desprecio por la modernidad y la limpieza.

Las castas siguen ahí, con la curiosidad de que hay parias millonarios y brahmanes que no llegan a fin de mes, lo mismo que las creencias radicales que no dudan en masacrar al vecino que no cultiva la misma religión.

En cierto sentido, todos los hindúes siguen siendo hinduistas, es decir, con una fuerte base tradicional en sus creencias, a pesar de haber abrazado el sijismo, el jainismo, el budismo, el islam o el cristianismo, porque la mayoría sigue viviendo, sintiendo y pensando en Shiva o en Ganesha, y esperando llevar una vida digna, sana, abundante y lo más recta posible para alcanzar la liberación espiritual, y así escapar de Samsara, la terrible Rueda de las Reencarnaciones.

II

Cosmogonía hindú: Las dos triadas principales y los dioses del Indo

¿Cuántas razas
de Devas y Vedas
se han necesitado
para crear al hombre?
MAHAVIRA

Antes de que la India emergiera como una gran nación, mucho antes, en el Valle de Harappa y siguiendo los ríos del Indo y del Ganges, las creencias eran sencillas y apegadas a la naturaleza, con animales sagrados que no eran precisamente dioses, pero que sentían y pensaban como los seres humanos.

No se tiene constancia de un animismo formal, pero sí de esos animales sagrados que llenaban las leyendas y eran parte de los mitos ancestrales:

-El tigre de Bengala.
-El oso gris.
-El elefante.
-El lobo.
-El orangután.
-La serpiente.
-El buitre.

Hermanos de la selva y la montaña, cuidadores de reinos y tesoros, preservadores de los árboles y las plantas, sabios y salvajes, solidarios entre sí, como los describe Rudyard Kipling en su *Libro de la selva*, inspirado en las leyendas que el autor escuchara en su infancia.

Por gracia o por desgracia, muchas de las cosas que conocemos de la India se deben en buena medida al Raj Británico, ya que a pesar de la conquista abrieron las puertas de la India al mundo moderno y contemporáneo, y nos permitieron conocer su cultura, su mitología y su diversidad.

A partir de la ocupación inglesa los estudios sobre el sánscrito se hicieron populares en las universidades de medio mundo, y la mística hindú encendió la mecha esotérica de Occidente más allá del budismo.

El respeto a todas y cada una de las formas de vida, el no matar ni a un insecto, fue una gran novedad, y en pleno siglo XIX se empezó a apostar por el vegetarianismo en Norteamérica y en Europa.

Movimientos esotéricos como la Rosacruz, la Masonería y, por supuesto, la Teosofía, bebieron de las fuentes míticas de la religión y de la mitología hindú.

Incluso en sectas protestantes se sintió la influencia de la India, tanto, que hasta se buscó en el lejano y exótico país a un nuevo mesías, ya fuera Maitreya o Krishnamurti.

También apareció y se hizo popular el Yoga en varias de sus vertientes védicas. Se descubrió a los chakras y a la medicina ayurvédica.

De pronto, el Oriente del sur se hizo un lugar en

el pensamiento universal humano, y no ha dejado de estar presente desde entonces.

Ni qué decir que el *Kama Sutra* causó furor a pesar de tocar un punto neurálgico de la cultura occidental: el tabú del sexo.

LA DIFERENCIA CON EL RESTO DE LAS MITOLOGÍAS

Una cultura tan basta y prodigiosa como la hindú, con una ciencia adelantada, una tecnología sorprendente y un arte de lo más depurado, cuenta con una curiosa diferencia con respecto al resto de las mitologías: el tiempo.

Sí, a ninguna otra mitología se le ha ocurrido centrar el origen de su cultura en millones de años, entre otras cosas, porque no sabían contar y el concepto de "millones" no aparece hasta el Medievo.

Rama ya pisa las tierras del Sur de la India 1,750,000 años antes de nuestra era, y el *Ramayana* ofrece datos para constatar dicha fecha que van más allá de lo simplemente mítico o imaginario, como su ejército formado por los varana, hombres primitivos del bosque que bien pueden compararse con el *homo erectus*, más que con el *homo sapiens*.

Tiempos de otras humanidades que no son la nuestra, que nos recuerdan mitos como los de la Atlántida, Itzá, Mu y el Continente Perdido entre Madagascar y la India, cuando el mundo tenía otra forma física entre sus continentes, la Antártida no estaba cubierta de hielo y muchos lechos terrestres no se encontraban bajo el agua como lo están ahora.

El puente que une al sur de la India con la isla de Sri Lanka, bien pudo haber sido una avenida construida por Rama y sus varana hace casi dos millones de años, como indican los estudios geológicos que se le realizan hoy en día, con lo que el mito y la mitología hindú podrían tener algo más de realidad de lo que se creía.

Las naves voladoras, las famosas vimana, una de las cuales usó Rama tras robársela a los dioses para salvar a Sita, su esposa secuestrada por el rey de Sri Lanka, cuentan con indicaciones técnicas de su construcción, funcionamiento y manejo, con un principio de antigravedad que hasta hace pocos lustros parecía un invento de la ciencia ficción, y que, sin embargo, hoy sabemos que existe y que es aplicable,

Sí, en la mitología hindú a veces la magia y el mito se parecen demasiado a la ciencia, abriendo puertas a la consciencia más allá del yoga o el karma, y superando ciertas creencias tan instauradas en la India actual, que establece un orden social difícil de entender, sectario y opresor, sobre un pueblo que en un momento de su historia fue el summum del orden, la armonía, la paz y la inteligencia.

Por supuesto, todo lo que se dice en los textos sagrados de los *Purana* y *Vedantas* puede ser producto de la imaginación hindú, pero no cabe duda de que es una imaginación portentosa, incluso cuando se equivocan en las medidas del Sistema Planetario Solar, cuando sitúan a la Luna más alejada que el Sol, o a varios planetas (*lokas*) más o menos a la misma distancia, a 1,300,000 kilómetros de la Tierra, y a catorce millones de kilómetros al planeta de los dioses, Pitriloka.

Lo que sí sabían es que la Tierra es redonda y no plana, que había más continentes y otros pueblos habitándolos, por lo que no eran los únicos sobre el planeta ni los elegidos de las divinidades, cuando muchas otras culturas ni siquiera se lo imaginaban.

También sabían que los planetas tienen movimientos directos y retrógrados con respecto a la Tierra, algo que asientan en sus cálculos astrológicos, y que los ciclos de las estrellas, las constelaciones, son milenarios, lo mismo que las edades de la misma Tierra.

Muchos de sus conocimientos recorrieron el orbe hace más de siete mil años, hacia Oriente primero, y luego hacia Medio Oriente y Occidente, a los que vendían toda suerte de metales y con los que mantenían buenas relaciones diplomáticas, y una que otra batalla.

También exportaron la filosofía de la paz y la reflexión, del yoga, la medicina Ayurvédica y de la reencarnación, e incluso el cereal de oriente, el arroz.

Sus ejércitos eran numerosos y poderosos, pero sin afán de conquista exterior ni de imponer su cultura y sus creencias a sus vecinos, aunque el caso del budismo es una excepción, y no por deseo expreso de las autoridades hindúes, sino por un proceso carismático de difusión que caló más allende sus fronteras que en la India misma, llamada *Bharata Varsha* en la antigüedad.

Cuando hablaban de la Tierra plana, no se referían al planeta, que consideraban esférico como los otros planetas y las luminarias, sino a su propia posición geográfica con respecto a los Himalaya y al Océano Índico, por lo que consideraban a su territorio como una extensa planicie.

La materia estaba formada por jivas, manifestaciones y no átomos, de los cinco elementos en orden de su densidad:

-Akasha, o Éter.
-Vaiu, o Aliento (Viento).
-Agni, o Fuego.
-Apa, o Agua.
-Prithvi, o Tierra.

Los cuales son, quizá, un préstamo egeo o de otras latitudes, porque también aceptaban los conocimientos que vinieran de fuera.

Lo curioso es que muchos de sus propios conocimientos se fueron perdiendo dentro de la misma India con el paso de las generaciones y del tiempo, ya que, en lugar de crecer y cimentarse, disminuyeron, con lo que en los poemas más recientes hay más fantasía y lecciones morales que deseos de descubrir los misterios de la materia y del universo como sucede en los textos antiguos.

Como en toda cultura milenaria, muchos de los conceptos originales fueron mutando, y, para hacerlos congruentes, recurrieron a las figuras de avatares y reencarnaciones, así Brahma podía tener diferentes opiniones dependiendo en qué reencarnación se encontraba, y Rama podía ser un avatar de Visnú, lo mismo que Krishna podía serlo de Shiva, o de cualquier otro dios.

La India de hoy sigue siendo tan mítica y devocional como lo fue hace cinco mil años, o un poco más, incluso para tomar decisiones gubernamentales, ya que el pueblo cree firmemente que su mitología se basa en la realidad y no en la fantasía, y la defienden a capa y espada, incluso a pesar de la dominación inglesa y de la expansión del islam.

Jay Tatsay, recuerda su infancia en Mumbay en un colegio católico o cristiano, donde poco o nada se hablaba de los dioses hindúes, pero sí de Dios en una forma genérica y como si no hubiera otras deidades. No lo llamaban Brahma, por supuesto, y mucho menos Diva Mumba, la diosa de Mumbay, sino Dios a secas, por lo que Jay Tatsay se sorprendió cuando descubrió en Barcelona que en su ciudad había un buen número de seguidores de Shiva, y entonces entendió lo sectaria que puede ser la orden de castas, donde él en su infancia era un privilegiado brahmán, en un colegio y en un barrio donde no había clases bajas que adoraran a otro tipo de dioses, y que no eran precisamente los musulmanes de Pakistán.

Las guerras religiosas e ideológicas han marcado el rumbo de la India desde sus inicios, y a día de hoy, miles de años después, esos conflictos fanáticos continúan, y de las creencias más antiguas y naturalistas, como las del *Rig-Veda*, pasaron a un complejo de creencias que se enredan con el hinduismo y las más nuevas tendencias.

PRIMERA TRIDOSHA, LA VÉDICA

Se puede decir que las primeras divinidades de la India fueron elementales, que respondían tanto a cuestiones materiales como espirituales, con una cara hacia los hombres y otra cara hacia el mundo espiritual que está más allá de las concepciones humanas.

"Agni, Indra y Suria fueron de los primeros devas en venir a este mundo, y a ellos les debemos todo el conocimiento, el despertar de las consciencias y las obras".

Agni, el dios védico del fuego

-Agni es el fuego primordial, espiritual y físico, anímico y mental. El fuego modela, construye y destruye. Del fuego parte todo, porque el fuego renace de sus propias cenizas. Agni es valor que inflama los corazones, por lo que también es señor de la lucha y las batallas, de la acción y de la decisión, de la creación y de la espada.

-Indra, señor de los cielos y de la tierra, gobernador de devas y de hombres, establece las jerarquías y guía el comportamiento, sobre todo del propio, pues como ser celestial y elevado estaba obligado a dar ejemplo. El licor de la inmortalidad es embriagante, por eso hay que tomarlo con delicada mesura y así disfrutarlo eternamente sin excesos.

Indra y sus servidores

-Suria es el sol, el dios de los mil nombres, que nace del fuego primordial y se acerca a la humanidad de mil formas y de mil maneras, con lo que es señor prácticamente de todo lo que hay y sucede en esta tierra. Si Suria no hay vida, ni sexo, ni reproducción, ni calor, ni primavera.

Suria, el de las mil evocaciones

Segunda Tridosha, la Brahmánica

Cuentan los textos sagrados posteriores a los vedas, y no pocas leyendas, que los dioses de la segunda trinidad llegaron al mundo y lucharon contra los devas que lo gobernaban.

Brahma, el elevado, se mantuvo a la distancia mientras Shiva y Visnú enfrentaban a Suria e Indra.

Indra siempre había temido que algo así pasaría tarde o temprano, y que le quitarían su lugar y sus poderes en esta tierra.

Las guerras celestiales fueron terribles y espantosas, destruyendo ciudades enteras con un solo rayo más poderoso que mil soles.

Brahma sometió a Agni.
Visnú sometió a Suria.
Shiva sometió a Indra.

La primera Tridosha fue desterrada, y la segunda Tridosha tomó su lugar en los Cielos y en la Tierra, para marcar el destino de los hombres:

-Brahma, como el señor universal de los cielos y de los universos.

-Visnú, como el señor del alma y de los sueños.

-Shiva, como el señor de la muerte y del renacimiento.

Todos ellos tienen una existencia en el cielo espiritual, pero se acercan al mundo en diferentes avatares, con esposas y familia, con amores y deseos, con luchas y conflictos, venerados por los seres humanos a los que dan vida y sustento, y la posibilidad, vida tras vida, de ascender a los cielos.

COSMOGONÍAS DE LA INDIA

Por supuesto, las diferentes versiones de los dioses y de las distintas cosmogonías de la India varían con el tiempo y a veces dependen de la inspiración del poeta que las escriba ayer, hoy y mañana. Aquí tenemos unos cuantos ejemplos:

COSMOGONÍA PRIMARIA

Nada tiene principio ni final.

Todo es un ciclo que se repite infinitamente.

El universo de los universos es la Luz Continua de donde todo sale y a donde todo regresa.

La vida de los dioses, las cosas y los hombres es solo un jiva o manifestación de la Luz Continua.

La Luz Continua es perfecta, eterna, asexuada, inconmovible e incognoscible.

La Luz Continua es la consciencia de todos los universos.

Los dioses nacen de la consciencia.

Cada universo es una burbuja con líquido y aliento.

Del líquido y el aliento se forma la materia de las estrellas y de los planetas.

El planeta de los dioses es Pitriloka, de ahí vinieron a bordo de sus vimanas a esta Tierra.

Agni, Indra y Suria fueron de los primeros en venir, la primera Tridosha.

Brahma, Visnú y Shiva fueron la segunda Tridosha, que ocupó el lugar de la primera tras la guerra de los cielos, cuando desde sus vimanas Shiva y Visnú lanzaron sobre la gran ciudad aquel rayo de fuego que fue mil veces más cegador que el sol, y más fuerte que la erupción de los volcanes, matándolo todo a su alrededor, hirviendo el mar y calcinando a los hombres y a los elefantes.

Luego hubo paz y Brahma trajo el aliento divino para repoblar el mundo de personas, plantas y animales.

Brahma es el creador, el más grande, todo depende de su voluntad que habita en el sueño de Visnú.

Para que Visnú mantenga el sueño de la creación, es cuidado por Shakti, el aroma del incienso de la muerte. Así se construyen las generaciones dentro de la voluntad de Brahma y el sueño reparador de Visnú.

Shiva es el destructor que mantiene los ciclos para que nada parezca permanente, para que así se pueda crecer y renovar el universo eternamente.

Reencarnación tras reencarnación los dioses se acercaron al hombre y tuvieron pareja entre las diosas e hijos entre las divinidades.

Al principio de su creación los hombres eran gruesos, grandes y primitivos, seres de las montañas y los bosques.

Rama los refinó y les dio entrenamiento y entendimiento, para que los hombres evolucionaran generación tras generación y reencarnación tras reencarnación, y aprendieran a tener familia y hogar, y a respetar lo que tenían.

En todas las cosas y todos los seres de todos los universos hay semilla de la Luz Continua, por lo que todos, al terminar los ciclos de los ciclos, vuelven a ella y se funden en su perfección.

Nada comienza ni nada termina.

El Huevo Cósmico

Estaba Ammayaru sentada en el Cielo, y viendo al aliento surcar el vacío, de su útero de oro sacó un huevo cósmico.

Del huevo cósmico nació Prayápati.

Prayápati es uno y es todos.

Prayápati es principio y final.

Prayápati creció viendo al aliento surcar el vacío.

Prayápati se dividió, y de sí salió el aliento llamado ahora Brahmi.

Brahmi tomó consciencia de sí mismo y empezó la creación de todo, del espacio, de las estrellas, de los planetas y de todos los seres que los habitan.

Uno de esos planetas fue la Tierra, donde Brahmi creó todo lo que le sustenta.

Las creaciones de Brahmi son casi eternas, pero no duran para siempre y todo ha de volver un día al aliento.

El sueño de Visnú

Lejos, muy lejos de la Tierra, se encuentra un cielo espiritual donde habitan los dioses y los devas.

Visnú duerme ahí.

Todo nace de su energía onírica, porque del espíritu nace la materia.

Shakti lo cuida y lo cubre con su manto para que no despierte y se mantenga en su eterno descanso.

Visnú nos sueña.

Sueña con lo que somos y dónde estamos.

Soñó la creación y las guerras.

Sueña con el futuro y sus mejoras.

Sueña con todos y cada uno de nosotros.

Sueña con las nubes, las aves y los insectos.

Sueña con las estrellas.

Sueña con el agua y el fuego.

Sueña y sigue soñando, porque en cuanto Visnú abra un ojo y despierte, todo se borrará y se olvidará como si nunca hubiera existido.

Todo será destruido y Shiva enseñoreará el vacío, hasta que Visnú recupere el sueño y vuelva a crearlo todo.

¿De dónde viene todo lo que pensamos, sentimos, creemos y conocemos?

De un sueño de Visnú, él sueña que morimos y que nacemos, por eso todo en este universo es aparente y etéreo.

Del sueño de Visnú nacen todos y cada uno de los universos, desde los más grandes hasta los más pequeños, todos esferas, el nuestro es solo uno de ellos.

Lo único que se mantiene cuando Visnú está despierto es el cielo espiritual donde habita, lo demás deja de ser.

Reza pues sin hacer ruidos molestos, para que Visnú se mantenga dormido tranquilo y apaciblemente por más tiempo.

PURUSHA, EL DESMEMBRADO

Antes de que los dioses y las estrellas aparecieran en el firmamento.

Antes de que los animales y los hombres mellaran la Tierra.

Antes de la Tierra misma, hubo un dios consciencia, Purusha, el que surcaba los cielos.

Purusha fue desmembrado por las tormentas celestiales, por las sombras del mal, por los fuegos perenes, atacado en su bondad y libertad, pero nunca fue derrotado.

Purusha se recompuso.

De sus trozos nació el universo que conocemos.

De sus ojos nacieron las estrellas y de sus huesos la Tierra.

De sus humores los mares y los ríos.

De su consciencia los devas, seres de luz anteriores a los hombres.

Y de su luz interna todos los seres vivos, por eso se le canta y se le ofrecen sacrificios.

BRAHMA, EL CREADOR

Todo nace de Brahma, el aliento divino, sin ese aliento todo estaría muerto y seco, sin vida, solo materia.

Brahma es el principio universal activo.

Brahma lo es todo y lo crea todo.

Brahma es la fuente primordial.

Brahma es el puente con lo divino.

Brahma no tiene nombre ni cuerpo.

Brahma no tiene espacio ni tiempo.

Todo nace y emerge de Brahma.

Brahma es anterior a todos y a todo, y permanecerá para siempre.

De Brahma venimos y a Brahma vamos.

Shiva nos destruye y nos construye, Visnú nos sueña y nos recrea, pero Brahma está por encima de todos y de todo.

DIOSES

Como en otras mitologías, a menudo el número de dioses es abrumador, porque cada pueblo, cada etnia y cada inmigrante de la India tiene sus propios dioses y sus propias creencias, y del monoteísmo brahmánico se pasa fácilmente al politeísmo o al culto privativo de un solo dios, como en el caso de Kali o de Shiva, que aceptan la existencia de otros dioses, solo que ellos tienen la preeminencia entre sus fieles creyentes, de vez en cuando muy fanáticos en la defensa de sus cultos.

El jainismo pretendía superar la injerencia divina en la vida de la comunidad, y el budismo deja de lado a todos y cada uno de los dioses, pero el hinduismo tradicional, con sus dioses de toda la vida se ha mantenido en el ánimo del pueblo, incluso a pesar de sus contradicciones y de no ofrecer a sus fieles más que dolor y sufrimiento en este valle de lágrimas por el simple hecho de haber nacido en una casta inferior, y sin redención posible en las próximas vidas o reencarnaciones, porque el que nace paria rara vez podrá llegar a ser brahmán algún día.

AMMAYARU

Diosa Madre, la del huevo cósmico y el útero de oro, Madre de todas las madres, fuente de vida, de luz y de conocimiento. Madre incluso de los dioses, de Brahma y de Visnú, y por ende del resto. La primera, la primordial, la anterior, a la que todo se lo debemos.

Ammayaru, diosa primordial

AGNI

El fuego primordial de la creación, sin forma física pues es todo luz, perfección y espíritu. Primero en la primera Tridosha, el que está antes que nada y después de todo.

INDRA

Señor de los cielos, de los vedas y de los devas (dioses anteriores al hinduismo), rey y héroe en el *Rig-Veda*, libro sagrado de la antigüedad. Segundo en el

Trimurti, o Tridosha, pero primero en los avatares de la Tierra.

SURIA

El señor de oro, dios del sol, de la vida y de la bienaventuranza, protector del cielo y de la tierra, de la humanidad y de la existencia, pero terrible en su ira o en su ausencia. También es considerado señor de los metales, sobre todo del oro que conforma todo su cuerpo, y del poder y de la riqueza. Tercero en la primera Tridosha, pero el más cercano a los hombres.

BRAHMA

El aliento divino que hace posible la vida al insuflar el espíritu dentro de todas las cosas. El más alto, el elevado, sin él nada sería posible en este planeta. Tuvo diversos avatares o reencarnaciones a través del tiempo y el espacio. Llega desde Pitriloka, el planeta de los dioses, para sentar las bases del hinduismo en la Tierra. Vencedor de mil batallas y garante de la realeza y de la casta superior que lleva su nombre. Su bondad no tiene límites, pero, dependiendo del avatar que lo represente, su ira tampoco. Su esposa, con la que tiene profusa decendencia, es Saraswati, y, a diferencia de otros dioses, se mantiene fiel a su pareja. Es el primero de la segunda Tridosha.

VISNÚ

El señor que crea y que construye, preservador de la vida y de la existencia, el que sueña y crea la ilusión de la vida. Feroz guerrero en la defensa, pero no beligerante, por lo que se mantiene siempre alerta. Su mujer es la diosa Lakshmi, con la que tiene su divina descendencia, pero se deja arropar por Shakti, la diosa sirvienta. De su mente brota todo conocimiento y toda inspiración, por lo que también es considerado señor de la ciencia, de la medicina y de la meditación trascendental. Es el segundo en la segunda Tridosha.

La segunda Tridosha, Brahma, Visnú y Shiva

SHIVA

El señor de los cambios y de la destrucción necesaria para que el universo, la vida y el hombre evolucionen y crezcan. Nada se crea ni nada se destruye, todo se transforma, por lo que también es el dios de la transformación por radical que esta parezca. Es el más cercano a los hombres, y su vida, polígama y festiva, lo hacen señor de las artes, de la música y de la danza. Es el tercero de la segunda Tridosha, y su primera mujer, madre de sus hijos y esposa oficial es Parvati, lo que no le impide ser polígamo y celoso, irascible y magnánimo, hiriente y jocoso.

Hanuman, el Poderoso

HANUMAN

El poderoso dios terrestre con fiera cara de mono, señor de los varana o de los hombres primitivos, más fuerte que todos, capaz de hacer temblar los cielos y la tierra con su sola presencia, guerrero invencible, y en parte cierta versión del Rey Mono de la mitología china, aunque no del todo, pues sus leyendas son bien diferentes, ya que Hanuman no aspira a conquistar los cielos ni a ser humano. También es considerado dios de la lucha o de la guerra.

Ganesha, dios de la fortuna

GANESHA

Dios de la fortuna y de la sabiduría, con cara de elefante y finas maneras, leal y solidario con todas las castas, favorecedor de los más pobres, siempre dispuesto a otorgar dones y a realizar milagros, por lo que tiene millones de seguidores en el mundo entero. También se le confiere el don de la escritura, de la poesía y del canto, amante del bienestar, del bien comer y del bien disfrutar de la existencia. Sus momentos de ira, aunque son pocos y muy breves, pueden causar los más terribles desastres.

Krishna, el más bello de los dioses

KRISHNA

Avatar de Shiva, es el dios del amor y la belleza, de la enseñanza y del aprendizaje. Más bello que todos los hombres bellos y más hermoso que todas las mujeres hermosas, seduce todos los corazones, además de tener y gozar de todos los dones de Shiva, por lo que de vez en cuando de un plumazo destruye todo lo que ha construido, con el fin de sacar de la simple ilusión al verdadero conocimiento, como hace con su discípulo Arjuna, al que somete a todo tipo de tribulaciones y aventuras para que aprenda la lección y se dé cuenta de la verdadera realidad que está más allá de este mundo normativo y material.

LAKSHMI

La divina hermosura, esposa de Visnú, es la diosa de la abundancia material y de la riqueza espiritual, ella da y quita, trae la buena o la mala suerte. También es considerada la señora de la belleza, los afeites y la coquetería, indispensables en toda relación amorosa y en todo matrimonio. Señora de las bailarinas y de las cortesanas o de las concubinas, y protectora de las madres primerizas.

Lakshmi, diosa de la danza y la abundancia

SARASWATI

Esposa de Brahma, la señora del hogar y la familia, el ejemplo de todas las mujeres, siempre leal, siempre cuidadora, protectora, maestra y sanadora, es además diosa de los estudiantes y de los abogados, de las leyes y de las normas, e incluso de los músicos, los artesanos y los artistas.

Saraswati, diosa de la música

KALI

La de los cuatro brazos y la voz terrible, diosa de la muerte y del tiempo, del sexo y del amor fuera del matrimonio, y de las mujeres libres, poderosas e independientes. Kali tiene algo de shakti, es decir, de servidumbre, sobre todo para sus hijos, con los que es una madre amantísima, pero no para otros dioses, ante los cuales a menudo se rebela porque es combativa y justiciera, y puede ser una fuerza destructora y mortal en su ira, como lo son algunos de sus seguidores más fanáticos.

Señora de los marginados, los desamparados y los desprotegidos, para unos, y de las prostitutas para otros, amada y temida, odiada y venerada, la eterna Kali.

Kali, la diosa terrible

DURGA

La diosa madre guerrera, o señora de la guerra, así como de ciertas danzas y de los tambores, primitiva en su apariencia, desdeña las fajas de la belleza y de la supuesta feminidad que deben de guardar las mujeres. No distingue entre hombres y mujeres a la hora de manifestarse o de otorgar sus dones, pero exige lealtad y fortaleza, a la vez que desprecia la tristeza y la debilidad, porque éstas siempre llevan a la traición o a la sumisión, algo que la poderosa y valiente Durga detesta.

Durga, la poderosa

Yamuna

Diosa del Ganges, toda bondad, toda pureza, es la diosa que cura los cuerpos, limpia las almas y embellece los pensamientos, quien se acerca a ella sale siempre depurado y con el espíritu renovado. Es la señora de la compañía de aquellos que van a la muerte, pues recoge consciencias y cenizas para que experimenten una nueva vida o se fundan limpiamente con el universo. Patrona de la renuncia y del desapego, de la caridad y del altruismo.

Yamuna, señora del Ganges

Parvati

Cónyuge de Shiva, señora de las altas montañas y de los bosques, esencia divina de fertilidad tanto para los hombres como para los dioses, señora de los distintos o de los diferentes, puente de equilibrio entre lo masculino y lo femenino, esposa comprensiva y amantísima de su marido, que la necesita por su fuerza y capacidad de equilibrio, armonía y amplitud de mente, algo que Shiva no tiene siempre. Parvati abre las puertas del cielo en la Tierra, y las puertas de la Tierra en el cielo.

Parvati, diosa del equilibrio

Shakti

Servidora de los dioses, en cierta forma avatar de correspondencia con Kali, sobre todo a la hora de anunciar la muerte de los que se encuentran lejos. A pesar de ser considerada una diosa menor, tiene varios seguidores y adeptos. Su manto cubre a Visnú para mantenerlo soñando el mundo y el universo, ya que en caso de que el dios despertara, todo lo que conocemos y creemos desaparecería tal y como se desvanecen los sueños.

Shakti, diosa servidora

Rama

Avatar de Visnú, héroe vencedor del mal encarnado por el rey Ravana de Sri Lanka, destructor de demonios, fiel marido, amante padre, guía de los hombres, rey justo y bondadoso, firme guerrero, gran general, líder esencial, constructor de grandes puentes y palacios, señor entre señores y monarca entre monarcas, conductor de carruajes y vimanas, viajero del tiempo y del espacio, nacido en Pitriloka y criado en la Tierra, divino y humano a la vez, un ejemplo para todo hindú y para el resto del mundo. Junto con Krishna, que no es tan fiel marido como Rama, es protagonista de innumerables leyendas y enseñanzas.

Rama, avatar, dios y héroe

MITHRA

Señor de la diplomacia y la administración, el que abre las puertas, el que negocia, el que no enfrenta ni entra en conflicto. Su paso por la mitología hindú es breve, y es muy posible que no sea para nada el Mesías de Medio Oriente al que los romanos pusieron un templo en el siglo III de nuestra era, aunque su relación con la cultura Persa es patente, a pesar de las confusiones Mithra tuvo y tiene sus seguidores.

Buda

El Despierto, no es un dios, pero eso no impide que en el este de la India sea divinizado y que cuente con templos y monjes, y sus propios lamas, que no son los mismos que los lamas del budismo tibetano, el más extendido por el mundo. En otros tiempos ambas escuelas budistas, la Hanayama (gran movimiento) y la Hinayama (pequeño movimiento), se disputaron ferozmente la herencia del budismo y cada una decía ser la verdadera.

Buda, el Despierto

Por otra parte, hay cientos de advocaciones de Buda por todo Oriente, por lo que se cree que más que una persona física, "Buda" sea un título: "Despierto", que ostentaron muchos santones a lo largo y ancho de Asia, como Amithaba, que además de sabio y pacífico, era diestro en la lucha cuerpo a cuerpo, incluso contra otras sectas budistas, además de milagroso y otorgador de dones.

Parece que en la actualidad no se habla mucho de esos conflictos entre sectas budistas, ya que la rijosidad de los budistas tibetanos se dirigió contra China, que invadió el Tíbet después de la Segunda Guerra Mundial y pretendió eliminar al budismo como religión, porque en el comunismo chino no había religiones, sino puro confucianismo laico.

Meditación contra la invasión

Muchos monjes se inmolaron a sí mismos a lo bonzo, es decir, rociándose alcohol o gasolina para prenderse fuego en señal de protesta contra el invasor y en defensa de sus creencias, porque la meditación y los rezos no bastaban.

El estado chino no pudo erradicar el budismo del Tíbet, como tampoco pudo erradicarlo del resto de China, donde sí destruyó templos y persiguió a sus seguidores de manera cruel y sanguinaria, con lo que se sigue demostrando que el alma, la fe y la creencia, e incluso el fanatismo, son más poderosos y resistentes que los sables y la armas.

El budismo, al igual que su inmediato predecesor, el jainismo, reniega de todos y cada uno de los dioses que en el mundo han sido, y sobre todo de los dioses del hinduismo, aunque acepta parte de sus creencias, como el karma, el darma, el áureo florecer y la evolución espiritual.

Quizá gracias a ello, Buda, el dios que no es dios, y que creía en la reencarnación y en la evolución de las almas hasta alcanzar el Nirvana (él mismo sigue reencarnando en el presente en diferentes avatares, como lo fue Amithaba), sigue presente en los cultos y las creencias mitológicas tras más de dos mil quinientos años de su nacimiento.

Estos son los dioses hindúes más famosos o más reconocidos, pero como en toda mitología oriental, sus dioses se pueden contra por miles o por millones, algunos de ellos netamente locales, otros mezclados con el cristianismo o con el islam, ciertos gurús y santones más o menos reconocidos mundialmente, como Osho o el gurú Maharashi, pero todos fervorosamente adorados por sus fieles devotos, entre los que se encuentra un buen número de occidentales, practicantes de yoga o de la meditación trascendental, el tantra y similares.

Buda Amithaba, sendero de perfección

La mitología teosófica, que cuenta con una universidad en Madrás, India, ha acogido parte de la mitología hindú, refinándola en algunos casos, para hacerla suya o basarse en ella para crear la religión universal que pretendía Madame Blavatsky, fundadora de la teosofía, mezclándola con el cristianismo y con la mitología egipcia.

Dioses, devas, vedas y avatares vuelan en la vimana, como divinidades, a menudo demasiado humanas, que prometen a los hombres y a las mujeres bienestar y gloria en este mundo, y liberación espiritual en el siguiente, o por lo menos un renacer más halagüeño, lejos del infortunio, de la guerra y de la enfermedad, pero no de la muerte, porque la muerte, al fin y al cabo, es el camino de la liberación total.

III
Rig-Veda:
¿Primer libro sagrado?

Si a las palabras
se las lleva el viento,
¿qué es lo que se lleva
nuestros sentimientos?
Proverbio hindú

En la carrera por saber cuál es el texto más antiguo de la historia, se encuentra, sin duda, el *Rig-Veda*, que algunos aseguran que es primero, y otros lo sitúan en segundo o tercer lugar, por detrás de *La epopeya de Gilgamesh*.

¿Qué escritura fue primero?
¿La cuneiforme?
¿El sánscrito?
¿El lamelio?
¿Y qué lengua es anterior a todas las lenguas?
¿El hitita?
¿El griego micénico?
¿El sánscrito hablado y no escrito?
El sánscrito, como lengua madre, parece ser al menos una de las más antiguas del mundo, pero su forma escrita no se descubre hasta la aparición del *Rig-Veda*, no en vano se le llama lengua védica.

Lengua indoaria en sus inicios que se dispersó hacia Oriente y Occidente, y dio lugar a diversas lenguas indoeuropeas, como el celta, que influyó en el malayo.

No se sabe a ciencia cierta cuándo empezó a usarse como lengua común del Valle de Harappa, hoy India, pero sí que fue usual hasta el siglo III antes de nuestra era, y que se ha seguido usando en la literatura hindú hasta nuestros días.

El soporte de los primeros textos en sánscrito fueron las tablillas (de bambú o de otras maderas suaves y hojas secas de palma), para pasar al papel y aparecer en algunas inscripciones sobre piedra.

Texto sánscrito en tablillas

"La lengua de los dioses", le llaman míticamente, asegurando que el sánscrito era el idioma de los devas que dominaron la Tierra antes de darle el relevo a los hombres.

Más allá de los devas, el sánscrito, como el latín y el griego en Occidente, es la lengua de la ciencia, la filosofía y las artes hindús.

Cuenta con una gramática compleja que se revisa constantemente por estudiosos y expertos, y, como en muchas otras lenguas, el sentido de cada palabra depende a menudo de su prosodia, es decir, de su pronunciación y de su lugar contextual junto a otras palabras.

ORAL Y ESCRITO

La lectura del *Rig-Veda* sufre revisiones constantes, desde que se recitaba de memoria por los sacerdotes brahmanes, hasta su forma escrita y las diversas traducciones de las que ha sido objeto.

Sí, tanto por tradición oral como porque la mayoría del pueblo era analfabeto, los textos clásicos hindús se transmitían oralmente incluso cuando ya gozaban de tomos escritos. 1700 años antes de nuestra era, por lo menos, el *Rig-Veda* ya contaba con su versión escrita en sánscrito védico.

Escrito en forma de himnos poéticos, donde la palabra "rig" significa precisamente "himno".

Diez son los clanes (o gurús, dependiendo de la fuente) a los que se atribuye cada uno de sus himnos:

-Anguiras, que consiste en un tratado de leyes sociales y de astronomía.

-Kanua, con historias populares ejemplares.

-Vasista, sobre la riqueza y la abundancia (la vaca sagrada).

-Visua Mitra, sobre el comportamiento ejemplar y la lucha contra los propios defectos.

-Atri, sobre la duración de la vida.

-Brighu, sobre el pastoreo de los seres humanos de mano de los devas.

-Kashiapa, sobre la paternidad de la humanidad.

-Gritsa, sobre la conversión al brahmanismo.

-Agastia, sobre austeridad y sabiduría.

-Bharata, sobre las migraciones y los nuevos contextos.

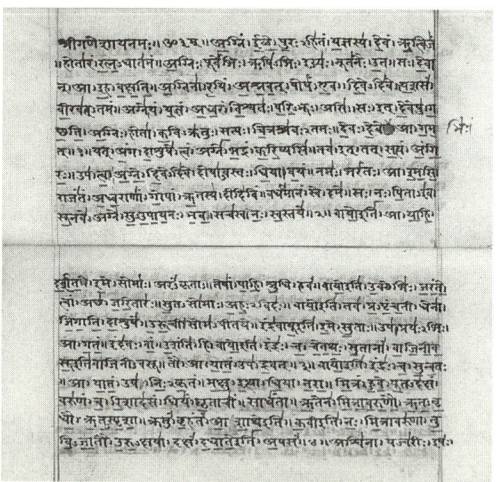

Texto en sánscrito del Rig-Veda

Un total de 9853 versos y 1028 himnos con sus mandalas (libros, no dibujos) y mantras (entonaciones mágico religiosas rituales) correspondientes, sentido exotérico y esotérico, interpretación y contexto, escritos por los diez (o siete) grandes sabios de la antigüedad hindú.

Cuando los devas pisaban la Tierra

El *Rig-Veda* habla con naturalidad de los devas, dando por hecho que vivían en la Tierra durante miles de años, teniendo una vida "normal" con sus esposas, hijos (devas y semidevas), batallas, fiestas y aprendizajes de artes y ciencias.

Alguno de los supuestos autores del *Rig-Veda* son tan míticos como sus historias, ya que algunos de ellos son hijos de Brahma, como Gritsa y Visua, y se pasan diez mil años en batallas o solucionando problemas.

Los dioses de la primera triada, Agni e Indra, por ejemplo, aparecen en los himnos y se les trata con respeto, pero también se indica claramente que se debe cambiar al brahmanismo como religión verdadera.

No falta la épica, las guerras cruentas y batallas, tanto entre tribus como entre devas, entre hombres y entre sabios, cuyo eco llegará más tarde al *Ramayana* y al *Mahabarata*, pero buena parte de sus textos está dedicada a la alabanza de los dioses, de forma ritual y repetitiva.

Los devas, seres de luz y divinos, compartían con los primeros hombres la faz de la Tierra, con sus seguidores y devotos, y con sus enemigos y detractores, ethos cultural de conflicto entre creencias que se mantiene hasta la actualidad.

Mitológicamente hablando, los devas eran hermosos y azules, casi inmortales (aunque otros dioses podían eliminarlos), mientras que los hombres eran morenos, algo brutos y de muy corta existencia, y a pesar de ello no faltaron humanos poderosos que se enfrentaran a los devas.

¿SACRIFICIOS HUMANOS?

En los textos clásicos de la mitología hindú no parece haber mucho respeto por la vida humana, incluido el *Rig-Veda*, ya que los importantes son los sabios y los dioses, a los que se les debe devoción y respeto.

Esto ha llevado a pensar a algunos estudiosos en la posibilidad de que, como en tantas otras partes del mundo, se llevaran a cabo sacrificios humanos rituales para buscar el favor de los dioses, o simplemente para contentarlos, y de paso vengarse o aprovecharse de uno que otro enemigo.

Dichos rituales sangrientos de sacrificios humanos habrían dejado de realizarse con la aparición del jainismo y los fundamentos de la no violencia; y la de sacrificios de animales con la expansión del budismo; si bien es cierto que cada guerra santa o religiosa conlleva el sacrificio de los enemigos al dios de los vencedores desde el principio de los tiempos, en un ritual que, por desgracia, no ha dejado de practicarse en el mundo entero, y en la India particularmente.

No son pocos los pacifistas que han pretendido superar estos actos salvajes, desde Mahavira hasta Ashoka, y desde Arjuna hasta Buda, sin olvidar a Gandhi, por lo menos para que no se tome como algo natural matar a otros seres vivos, sobre todo si estos seres vivos son humanos.

VEDA: CONOCIMIENTO

Vedas son los que conocen, y devas son los seres divinos, por lo que en la mitología hindú hay vedas que se convierten en devas por su sabiduría, ascendiendo primero al brahmanismo y luego a la divinidad.

En este orden de ideas, los seres humanos, siguiendo las tradiciones más antiguas del hinduismo, pueden llegar a ser dioses a través del conocimiento, para ello cuentan con cuatro Vedas, o cuatro Libros Sagrados que los acercan al conocimiento mundano y divino:

-*Rig-Veda*, dedicado a la naturaleza y a Agni e Indra.

-*Sama-Veda*, los pasos que ha de seguir el sacerdote en ascenso a Brahma.

-*Yajur-Veda*, rezos y oraciones para los sacrificios y los rituales, posible evocación de Shiva.

-*Atharva-Veda*, el conocimiento secreto de los conjuros y otras realidades, posible evocación a Visnú.

Con estos cuatro vedas, conocimientos, el ser humano debe ser capaz de comprender su mundo terrenal y el mundo celestial, y así elevar su condición.

Cuentan y dicen que el hinduismo no tiene fecha de nacimiento porque ha estado ahí siempre, desde antes de que los hombres fueran humanos y cuando los devas hollaban la Tierra, y que los textos sagrados no hacen más que ponerlo por escrito.

EL HIMNO DE LA CREACIÓN,
Y LA SUPUESTA DOCTRINA SECRETA

Una de las interpretaciones que se hace del *Rig-Veda* es la cosmogonía que propone, donde en un principio no había nada más que el aliento, el aire, advocación de Brahma.

En este sentido Brahma no es una persona ni un dios, sino aliento, solo aliento, un aire o viento primigenio y creador.

Brahma después se encarnará y reencarnará varias veces en diferentes avatares, pero el Brahma original sin cuerpo ni nombre, continúa ahí.

Luego fueron los devas, primero como energías, luego encarnados.

Después vino todo lo demás, incluidos los hombres, a los que se les dará, con el tiempo, el conocimiento védico para que sean del todo humanos.

La doctrina secreta del *Rig-Veda* insinúa de esta manera la divinidad del ser humano a través del aliento de Brahma, el principio universal y creador de todo.

Para ello, el texto sagrado está lleno de oraciones y alabanzas a los devas, que, dichas y entonadas de la manera correcta, se convierten en conjuros divinos capaces de transformar la realidad propia y del mundo entero.

Con estas oraciones debe alcanzarse un estado superior, o alterado, de consciencia, donde se ven y se perciben otras realidades.

Este es el camino de Visnú que rompe las apariencias tras el canto y la meditación, para que el hombre sea consciente de una realidad más amplia y verdadera que la que puede ver solo con sus ojos.

¿Cómo se logra este estado?

Respirando, simplemente respirando y siendo consciente de dicha respiración, porque en cada aspiración penetra el espíritu de Brahma en los corazones.

El Yoga es rico en ejercicios para alcanzar el estado de meditación trascendental.

Por otra parte, en el *Rig-Veda* se haya el misterio de Shiva, el destructor, que habla no solo de los sufrimientos humanos de pérdida y derrota, sino en la renovación que esto supone.

Matar para renacer, destruir para construir, cambiarlo todo sin temor a los resultados, porque al final todo cambio, por doloroso que sea, abre nuevas posibilidades que no se habrían conocido de mantenerse todo igual y en calma.

El ser humano, en este sentido, es un experimento de los devas, que le dan al hombre el veda (conocimiento) para que sea consciente de su naturaleza y luche por superarse a sí mismo y así volver al aliento divino de su creador.

Todos los seres vivos son sagrados, tan sagrados como los humanos, pero solo el ser humano es consciente de las jerarquías divinas, y sabe que se debe a ellas.

De esta manera, el hinduismo, con Brahma a la cabeza, desplaza a los dioses antiguos y elementales, y le hace un lugar a los seres humanos para que logren abrazarse a Brahma.

LA VACA SAGRADA

La palabra "vaca" en sánscrito es polisémica, es decir, tiene varios significados, los suficientes para despistar a los traductores, y para darle alas a los interpretadores, que ven en su semántica y semiótica valores como "inteligencia", "conocimiento", "abrevadero", "maternidad", por lo que la vaca sagrada representaría algo más que un noble animal que alimenta a sus dueños y a sus becerros.

En Egipto cuentan con Apis, el Buey Sagrado, y con una Isis convertida en vaca o montando una vaca, simbolizando con ello la maternidad y la leche que alimenta a los seres humanos.

¿Para qué matar a la vaca cuando puede alimentarnos casi eternamente?

¿Para qué matar la fuente del conocimiento cuando puede enseñarnos casi eternamente?

Las vacas, desde el *Rig-Veda* hasta la actualidad,

son sagradas en la India, y no solo porque den leche, sino porque representan la sabiduría que emana de los devas desde los primeros tiempos.

Una vaca salvaje es un peligro, pero una vaca domesticada es una bendición. La primera es brava como los toros, sobre todo si no tiene becerros a los que alimentar, porque las ubres cargadas la irritan. La segunda, debidamente ordeñada, es una fiel compañera que no teme a nadie ni a nada.

La Sagrada Vaca Blanca

Cuenta la leyenda que los devas primordiales domesticaron a las vacas mucho antes de que los hombres tomaran consciencia de sí mismos. Es decir, que lograron dominar su parte salvaje para ser útiles y mejores, porque en la mitología hindú hasta los devas tenían que superarse y ser mejores para alcanzar la unidad con Brahma, el principio universal.

Por eso se dice que en la Vaca Sagrada caben todos los dioses y todas las humanidades.

MANTRAS Y MANDALAS

Casi todos los versos e himnos del *Rig-Veda* van acompañados de respiración consciente, mandalas (oraciones y rezos a los dioses), mudras (posiciones de manos o de cuerpo) y mantras (frases o palabras sagradas) que han de entonarse devota y correctamente, como el famoso Om.

Leer, cantar o recitar de memoria los himnos del *Rig-Veda* sin los anteriores acompañamientos, no sirve prácticamente de nada, pues su magia, para ser completa, debe hacerse con los rituales correspondientes.

CHAKRAS

Por supuesto, el sacerdote o el fiel, además, debe conocer su cuerpo y los centros energéticos (chakras) que ha de activar en cada himno y en cada oración, ya sea en forma ascendente o descendente, desde el coxis hasta la coronilla de la cabeza, o viceversa, o bien centrándose en una sola, como la del plexo solar o la del tercer ojo.

Cada chakra, por su vibración, abre una puerta energética que sana el cuerpo, la mente y el alma, y que ofrece un conocimiento superior.

Los chakras fundamentales

-El chakra de los órganos sexuales abre las puertas de la creatividad y de la fertilidad. Muladhara Chakra.

-El chakra renal abre las puertas a la acción y a la toma de decisiones. Svadisthana Chakra.

-El chakra del plexo solar abre las puertas al Yo y a la alimentación de cuerpo, mente y alma. Manipura Chakra.

-El chakra del corazón abre las puertas al conocimiento y al aprendizaje. Anahata Chakra.

-El chakra de la garganta abre las puertas a la comunicación y a la administración. Vishuda Chakra.

-El chakra del tercer ojo abre las puertas al pasado, el presente y el futuro, y a otras realidades o pensamiento abstracto. Ajna Chakra.

-El chakra de la coronilla abre las puertas del mundo celestial y pone en contacto al ser con los devas y con el universo. Sahasrara Chakra.

Por tanto, no solo hay que leer y cantar el *Rig-Veda*, sino que hay que saber leerlo y entonarlo, tanto interior como exteriormente para vibrar correctamente con sus enseñanzas y conocimientos.

IV

Upanishads:
La filosofía sagrada

*Una de las formas de llegar
a la liberación espiritual,
se encuentra en el sendero
del verdadero conocimiento.*
Buda

Se puede decir que con el *Rig-Veda* se da el paso formal al hinduismo y a la veneración al dios Brahma que se va a mantener en la India hasta nuestros días, pero sin duda es en los 200 libros que conforman *Upanishads*, donde se establecen las bases del hinduismo como religión reglada, tanto mitológica como científicamente, y tanto filosófica como esotéricamente.

La forma escrita de *Upanishads* aparece sobre el siglo IX antes de nuestra era, aunque, y por supuesto, hay quien dice que es tan viejo como el *Rig-Veda* o como el hinduismo mismo que se pierde en la noche de los tiempos.

Sea más antiguo o más moderno, lo cierto es que a partir de *Upanishads* el hinduismo se convierte en doctrina oficial de la India, con lo que muchas de sus fantasías, supersticiones y mitos se convierten en dogma y en historia, por lo que sus dioses ya no eran una simple creencia, sino una verdad incontestable.

La palabra sánscrita "upanishad" significa simplemente "sentarse", como lo significa la palabra "zen":

Sentarse y escuchar.

Sentarse y meditar.

Sentarse y ejercer la contemplación activa.

Sentarse y observar al que queda de pie.

Sentarse y reflexionar.

Sentarse y orar.

Sentarse y esperar.

Sentarse y ser.

Upanishads pretende enseñar a los hombres qué es el universo, o el todo, vida y naturaleza incluidas, y cómo comportarse dentro de este universo.

Por eso, buena parte de sus textos están escritos en prosa clara y directa, y algunos en verso y poesía, como los himnos del *Rig-Veda*.

Los *Upanishads* son el *Sanatan Dharma*, "orden o sendero eterno" que debe seguir la persona para superar el peso del karma y ascender a los cielos.

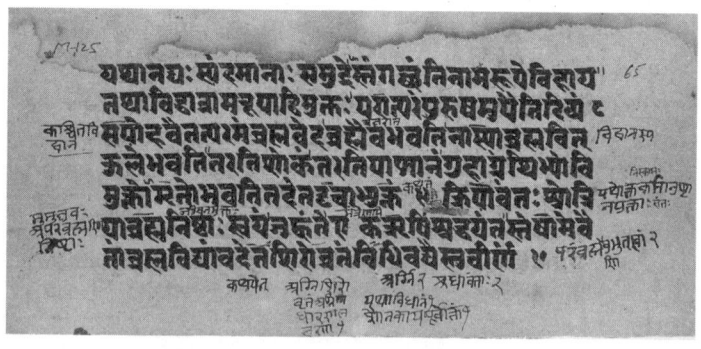

El Texto Sagrado de los Upanishads

EL ATMAN

En los *Upanishads* se revela a los hombres que tienen "Atman".

Es decir, que tienen un espíritu divino además de su alma, de su cuerpo y de su mente.

El Atman es independiente y busca la unión con Brahma.

Ese es el sentido y fin último de su existencia.

Todo lo demás es intrascendente.

Todo lo demás es ilusión.

No importa, por lo tanto, quién seas o qué hagas en este mundo, lo que importa es que tu Atman se eleve dejando todo atrás, liberándote de amores, pasiones, ego, bienes materiales y pensamientos.

El jainismo y el budismo retomarán y hasta refinarán esta idea con nuevos preceptos sociales y morales, pero la idea básica proviene del hinduismo clásico plasmado en los *Upanishads*.

LOS TRECE PASOS

Los trece textos que debes escuchar sentado respetuosamente para que inicies el camino hacia la eternidad son:

-Bandaranayke Upanishad

-Chandogya Upanishad

-Taittiriya Upanishad

-Aitareya Upanishad

-Kausitaki Upanishad

-Kena Upanishad

-Katha Upanishad

-Isha Upanishad

-Svetasvatara Upanishad

-Mundaka Upanishad

-Prashant Upanishad.

-Maitri Upanishad.

-Mandukya Upanishad.

Si los escuchas con atención, los comprendes, los llevas a la práctica y los aprendes, habrás iniciado el sendero de la perfección y el camino hacia la eternidad.

Estos pasos hablan del universo y su constitución física.

De la naturaleza y su funcionamiento.

De la manera de comportarse correctamente.

Del principio universal en la figura de Brahma.

De la mortalidad y el sentido de la vida.

Del alma que lo permea todo, desde las piedras hasta las estrellas pasando por el ser humano.

Del ser interno y del ser externo.

Del pensamiento y del intelecto.

De la espiritualidad y el materialismo.

Del ejercicio físico y el ejercicio espiritual, Yoga.

Del dolor, de la derrota y el fracaso.

De guerras y guerreros.

De personas comunes y personas poderosas.

De batallas físicas, personales y espirituales.

Del sufrimiento anímico por la pérdida de bienes o seres queridos.

De la importancia de los gurús en la guía de la humanidad.

De maya, la ilusión, y de la realidad que lo trasciende todo.

Del azar y del destino.

Del despertar y del seguir durmiendo.

De la rueda de las reencarnaciones y el sentido final de la existencia.

Algunas de ellas de manera directa, y otras vestidas de historias ejemplares; unas de forma poética, y otras de manera científica.

LA EXPERIENCIA EXPERIMENTADA

Upanishads son, por tanto, continuidad de los escritos védicos, una inmersión en el hinduismo que relata, a su manera, el inicio del mundo y la razón de la existencia desde el punto de vista de los devas.

Brahma es el todo, y del todo proviene todo lo demás que nace y muere mientras el Todo Primordial permanece.

La vida presente puede ser trascendente o intrascendente, y en ella se puede sufrir o gozar, ganar o perder, sanar o enfermar, tener todo tipo de experiencias y aprender de ellas, o tener todo tipo de experiencias y seguir atado a la rueda de la vida reencarnación tras reencarnación.

La experiencia a menudo no es suficiente para despertar, porque hay que experimentar, repetir y aprender de la experiencia.

Se puede reencarnar muchas veces y haber experimentado mil y una situaciones, y a pesar de ello insistir en el error casi eternamente.

La guerra puede ser dolorosa, pero de nada sirve si no se aprende de ella la paz.

La paz y la armonía pueden ser deliciosas, pero de nada sirve esa comodidad si no se aprende de ella la voluntad de seguir creando.

El poder siempre es peligroso, pero de nada sirve si no se aprende humildad en su ejercicio.

Para que la experiencia sea enriquecedora y positiva, además de tenerla y de pasar por ella hay que sentarse y meditar, pensarla y recrearla y ver qué nos enseña, para así aprender de ella y superarla.

Sin meditación, reflexión y acción consecuente no hay crecimiento espiritual.

Si meditas, te das cuenta de las cosas y no haces

nada para remediarlo o superarlo, la experiencia no habrá servido de nada.

"No se puede renunciar a lo que no se tiene ni se ha tenido nunca", y nadie experimenta en cabeza ajena, por eso no se puede mejorar algo que desconocemos: si no has pasado por una experiencia determinada no puedes decir que sabes qué hacer a continuación.

Si no lo has vivido, no sabes de lo que estás hablando y no puedes hacer nada para remediarlo.

Imitar o emular no es saber ni reflexionar, es elucubrar.

No se puede saber todo y conocer todo, pero sí se debe hacer de las experiencias propias un camino de aprendizaje, comprendiéndolas y superándolas.

Es bueno leer y aprender de lo leído, pero mucho más se aprende de lo realmente experimentado.

Por tanto, lee, pero experimenta y medita sobre ello, porque la teoría es buena, pero a menudo no sirve de nada si no se lleva a la práctica.

Por supuesto, hay conocimientos que solo dependen del intelecto y del pensamiento abstracto, pero también deben experimentarse, probarse y llevar a la práctica en medida de lo posible.

También hay conocimientos que se experimentan con el alma y el espíritu, incluso con las emociones y las pasiones, pero también tienen su parte práctica y su reflejo en la realidad circundante, o en el ser interno, mas, si no se experimentan personalmente, quedan en el aire.

¿LA VIDA ES UN ENGAÑO?

Si todo es Maya, pregunta Alita, de qué sirve vivir, para qué vivir miles de vidas y reencarnaciones si nada es real y al final el resultado es el mismo, la muerte, el olvido y la desaparición.

El gurú le contesta que, para despertar y abrazar el todo, una vida puede ser suficiente.

Estar dormido es la naturaleza del hombre, pues a cada vida que nace se encuentra con todo hecho, con pensamientos y enseñanzas que le anteceden y que aprende, aunque no quiera, porque aprender también es su naturaleza.

Visnú mismo está dormido y sueña con todos y cada uno de nosotros; y mientras sueña todo se mantiene como lo vemos y como lo creemos, pero, si despierta todo desaparece y cada uno de nosotros también despierta.

Así la muerte no es una condena final, sino una liberación del verdadero ser que llevamos dentro.

Nacemos dormidos, pero no es una trampa ni un engaño, sino una condición natural de nuestros sentidos, y vemos solo lo que alcanzamos a ver, oímos solo lo que alcanzamos a oír y olemos solo lo que alcanzamos a oler, pero hay más, mucho más, cosas que ver, oír y oler.

Nuestros sentidos, dijo el gurú, son limitados, pero hay más dentro de nuestra alma y de nuestro organismo, el Atman, que está en todo el universo y en todos y cada uno de nosotros; y también hay más fuera de nosotros, por lo que en realidad podemos entrenar a nuestra mente y a nuestro cuerpo para que vea más de lo que ve, perciba más de lo que percibe y sienta más de lo que siente.

No hay trampa, solo limitaciones que podemos debemos superar día a día.

TOTALIDAD O PERFECCIÓN

¿Camino de la totalidad o camino de la perfección?

Si esta vida tiene en realidad poca importancia porque es solo una ilusión y un pálido reflejo de la vida verdadera, de qué sirve aspirar a la perfección o a la totalidad.

En *Upanishads* la totalidad, Brahma, es más importante que la perfección, ya que tanto un héroe que mata y que crea el terror, como el gurú más sabio y pacífico, pueden aspirar a la totalidad una vez que se desprenden del Maya de la vida.

Aspirar a la perfección no es despreciable, por supuesto, pero muchas veces se convierte en una obsesión y nos lleva más a la locura que al sendero correcto.

La totalidad no es excluyente, la perfección sí.

La soberbia, el orgullo y la vanidad a menudo se hacen pasar por perfección, y crean desigualdades malvadas y falsas, mientras que la totalidad lo incluye absolutamente todo y no hace distingos ni separaciones entre los seres del universo.

Si has de elegir un camino, le dijo Krishna a Arjuna durante la batalla, que sea el de la totalidad y no el que te parezca más certero, más elevado, más correcto o más perfecto.

EL PODER DEL HOY

No hay futuro ni pasado, el tiempo es una ilusión. Solo hay un aquí y ahora, un eterno presente.

La perfección está en el futuro, pero el futuro es etéreo y nunca llega.

Las ataduras están en el pasado, y en realidad no cargamos con ella, solo las imaginamos.

Solo existe el hoy incluso para las consecuencias de los actos correctos o incorrectos, porque el ser sabe perfectamente lo que está haciendo y se llena en ese mismo instante de sabiduría o de contradicción, y la única manera de arreglarlo o de mejorarlo es actuando en este mismo momento, porque no tenemos más que el hoy, el ahora, para hacerlo.

Todo lo que no hagamos hoy, no lo haremos nunca.

"Todo lugar es aquí y todo momento es ahora", no hay más, el resto es Maya.

Puedes sentarte y escuchar, o correr y ser uno con tu pensamiento, pero no puedes escapar del hoy, del ahora, del ya, que está permanente y eternamente contigo, tanto en el nacimiento como en la muerte, y en cada instante del destino.

Es bueno comportarse bien, obviamente, porque sus frutos del hoy son más agradables, mientras que comportarse mal solo hace que el presente se haga más largo y más pesado, más sucio y más molesto, y que lo imaginemos como un futuro de castigo, cuando solo es un alargado presente que parece que no termina nunca reencarnación tras reencarnación.

V

RAMAYANA:
CUANDO LOS HOMBRES
AÚN NO ERAN HUMANOS

En un principio
el mundo era de los devas,
con sus vimanas,
sus luchas y sus gestas.
JAY TATSAY

Según *Upanishads* la guerra es parte de la naturaleza humana, porque a menudo la vida es una larga batalla que hay que enfrentar todos los días sin dejarse vencer por las derrotas ni envanecerse con las victorias.

La guerra puede ser una obligación, una responsabilidad ineludible, por lo que no queda más remedio que luchar y matar al enemigo, como le dirá Krishna a Arjuna en el *Bhagavad Guita*.

El jainismo no estuvo nunca de acuerdo ni con la guerra ni con la violencia.

El budismo y el sijismo, tampoco.

¿Cómo renunciar a la lucha y a la violencia en un mundo convulso y siempre en competencia por el territorio, el poder y los recursos?

¿Realmente está en nuestra naturaleza el matar y el medrar a cualquier costo?

Posiblemente, pero a estas alturas ya deberíamos haber aprendido a superar este rasgo animal y natural que nos enloquece y que nos gobierna.

"Sé amo de ti mismo", han dicho todos los grandes sabios que en el mundo han sido, "véncete a ti mismo y habrás logrado el triunfo verdadero".

Buenos deseos que aún no hemos visto satisfechos.

Por supuesto que para miles de millones de personas en el planeta la vida no es fácil, y hay que presentar una batalla cotidiana para salir adelante y no caer en la miseria.

Los grupos vulnerables en ocasiones son asistidos por los gobiernos o por los filántropos, pero la mayoría de las veces dicha asistencia no es suficiente y se les condena a llevar una vida de dependencia, oprobio y miseria.

No es ninguna novedad que los países ricos sometan a los países pobres.

Ni que los ricos y poderosos, las élites, sometan y esclavicen a los pobres y a los débiles.

No es que sea ley de vida, pero viene sucediendo desde el principio de los tiempos, desde que los devas y los héroes, como Rama, hagan la guerra y gocen de unos privilegios solo para ellos.

¿Será que a unos pocos les guste mandar y al resto obedecer? Hegel lo tenía claro con el amo y el esclavo, donde cada uno asume su papel para el "bien" de la comunidad, como sucede entre los chimpancés.

Total, los actores secundarios no tienen valor ni precio, son carne de cañón, prescindibles y funcionales.

Lo que importa es la épica, la historia bien narrada o narrada de tal manera que le guste a la gente, con el pretexto de vencer al "mal" y destruir o mantener hasta el final al "enemigo".

Grandes pretextos (el mal y el enemigo) para que la gente se anime a ir a la guerra o por lo menos para que le sea atractiva la idea.

El "mal", cierto o falso, siempre está del lado del que pierde.

El "enemigo", cierto o falso, siempre es un buen pretexto para atacar o para defenderse.

La vida misma no tiene ningún valor para el que pierde, para el pobre, para el paria, pero sí es un gran tesoro para que el que gana o para el que todo lo tiene.

Así las cosas, los héroes de toda la historia suelen ser, aunque aplaudidos e idolatrados, unos asesinos, unos prepotentes, gente sin escrúpulos que destruyen vidas y propiedades, que matan y que a menudo ni siquiera mueren, al menos en las leyendas, pues, como protagonistas, han de llegar al final de la historia vestidos de oro y coronados con laureles.

El *Ramayana* es un gran poema épico, de guerra y de muerte, donde el héroe Rama viaja en su vimana y arrastra a un ejército de proto hombres, casi humanos, que siempre están dispuestos a dar la vida por su héroe. Ellos no importan, el que importa es Rama y sus avatares.

LIBRO DE GÉNERO Y DE AUTOR

El *Ramayana* escrito en sánscrito, está situado, como texto, en el siglo IV o III antes de nuestra era, y es adjudicado a Val Miki, un reconocido poeta hindú.

Por tanto, no es un texto dictado por los dioses, como el *Rig-Veda* o *Upanishads*, sino un texto de los hombres que no pretende más doctrina que contar una de las tantas leyendas de la tradición hindú.

En el *Ramayana* no hay más doctrina que los lugares comunes de la mitología hindú, por lo que su valor como texto literario aumenta.

Val Miki, autor del Ramayana

No tiene pretensiones, simplemente narra las gestas de Rama, pero en esa narración contribuye a la mitología hindú como pocos libros lo han hecho, dando lugar a una realidad perdida en el tiempo, o a una fantasía muy bien elaborada.

LA MARCHA DE RAMA

Ramayana literalmente quiere decir "la marcha de Rama", que empieza con su nacimiento divino y sigue con progresión personal, en la que, junto con sus hermanos, pasa a ser un anacoreta de la selva que se ve obligado a luchar contra los demonios, un príncipe con responsabilidades de estado, un esposo enamorado y, finalmente, un héroe que mata a un rey malvado, rescata a su esposa y salva al mundo.

Una vieja fórmula que ya aparece en *Gilgamesh*, y que se irá repitiendo a lo largo de los siglos en miles de cuentos, poemas y relatos literarios.

El *Ramayana* es mitología hindú en su estado puro, que ha dado lugar a cientos de traducciones, revisiones e interpretaciones, por lo que del texto original se desprenden miles de leyendas e historias.

Sí, da mucho espacio a la imaginación y a versiones más o menos fantásticas de las cuales se desprenden nuevos mitos, como la posibilidad de una humanidad anterior a la que conocemos, a la presencia de devas en la tierra en los inicios de la humanidad, a los vuelos en naves extraterrestres (los vimana), a las guerras celestiales, y hasta a la posibilidad de que la leyenda de Rama se sitúe realmente un millón y medio de años antes de ser escrita por Val Miki, entre muchas otras ideas, fantasías e interpretaciones.

¿HUMANOS O DEVAS?

Rama es hijo del rey de Ayodhia, Dásharatha, que le cede el trono a Rama por ser el mayor de sus hijos, para dedicarse a la búsqueda de la liberación espiritual.

Rama y su hermano Bharata son de color azul, es decir, más deva que humanos, o, al menos, con una genética diferente a la que conocemos, exceptuando el azulado cianótico de los ahogados, que no es el caso de Rama.

Rama, además, es muy fuerte, ya que es capaz de romper el arco mágico que otros ni siquiera podían levantar.

La princesa Sita es puesta en sociedad para encontrar marido, y todos los príncipes de la región, incluidos Rama y sus hermanos, son invitados para concursar por ella.

La prueba es levantar el arco y disparar una flecha con él.

Nadie puede ni siquiera levantarlo del suelo.

Tras varios intentos, Rama se decide a probarlo, y no solo levanta el arco y lanza una flecha al cielo, sino que además lo eleva sobre su cabeza y lo rompe.

Sita queda impresionada, y, por supuesto, lo elige como su marido.

Rama es superior a todos sus congéneres, incluido Bharata, que lo ama y envidia al mismo tiempo.

Rama ya es un semi deva que acabará siendo un deva del todo al final de la historia, mientras que los seres humanos que conforman su ejército, son apenas algo más que monos, ágiles y fuertes, sumisos y obedientes, pero sin pensamiento real, pura fuerza bruta puesta al servicio del héroe.

LAS MISERIAS DE LA CORTE

En base a una profecía, o a un juramento que hizo el rey padre, la servidumbre de la esposa de Bharata urde un plan y despoja a Rama del gobierno, dejándolo en manos de Bharata.

Rama es condenado por su propio padre, para evitar los males de la profecía, a vagar por la selva durante catorce años, tras los cuales podrá volver al trono.

Bharata no queda muy contento con la condición, pues perderá todo, aunque gobierne solo unos años bajo la presión paterna, y va en busca de Rama al bosque para pedirle que regrese al reino y asuma el gobierno.

Rama y Sita, felices en la selva

Rama se niega, pues en el bosque está feliz viviendo de acorde con la naturaleza, y Bharata regresa sin lograr convencerlo.

Rama, Sita y Lakshmana, su hermano y gemelo de Bharata, crean su hogar en la selva y en ella meditan, corren, juegan y disfrutan de los dones que los devas les han dado.

Todo parece en armonía y pasan los años sin que se den cuenta y sin desear volver al reino, pues en el bosque son acogidos por humildes poblados que comparten con ellos su pan y su vino, y les hablan de los demonios que los atormentan.

Rama decide combatir a los demonios y los aleja del bosque, pero gracias a ello una princesa se enamora de él y pretende quitárselo a Sita. Rama la despecha y envía a su hermano para que la hiera y la aleje de él. Lakshmana cumple el cometido, pero desde ese instante las cosas se tuercen, pues las hazañas de Rama, que había vencido a los demonios y al hombre más fuerte del bosque, y la belleza de Sita, llegan hasta los oídos de Ravana, el tirano de los demonios, que pretende quedarse con Sita y destruir a Rama.

Ravana, manda un ejército de demonios contra Rama, pero Rama los mata a todos, y al ver que Rama es demasiado fuerte para enfrentarlo, decide raptar a Sita y llevarla hasta su isla secreta para ahí esposarla o ultrajarla.

Ravana urde un plan al enterarse de que Rama ama a los ciervos dorados, así que envía al brujo Maricha, convertido en ciervo dorado, para que entretenga a Rama.

Maricha engaña a Rama y lo acorrala en el fondo del bosque, y Rama no se atreve a defenderse por no hacer daño al ciervo, hasta que desesperado lo empuja y el ciervo dorado se convierte en Maricha, el brujo. Rama, lleno de furia, ataca a Maricha, dejándolo casi muerto.

En su último estertor, Maricha finge la voz de Rama y Sita corre en su auxilio, cayendo así en la trampa.

Rama busca a Sita por todo el bosque sin encontrarla, y entonces sus amigos, los Vara (hombres mono), le avisan de que, desde lo alto, han visto cómo Ravana raptaba a Sita y la llevaba en su vimana.

Vimana, la casa que vuela

Rama le promete al líder de los hombres mono, Sugriva, que, si le ayuda a encontrar y rescatar a Sita, matará a su oponente Bali para que él gobierne, y el hombre mono acepta el trato, dotando a Rama de un ejército noble y fuerte.

Nadie sabe a dónde se han llevado a Sita, solo Sampati, el señor de los buitres, que se decide a ayudar a Rama tras enterarse de que Ravana ha matado a su hermano.

Sita está en la isla de Lanka, le dice a Rama, más allá del mar, y sin barca ni alas ningún ejército puede llegar hasta ella.

Los hombres mono no saben nadar, pero Jánuman, el consejero de Sugriva, sí puede convertirse en una especie de ave y volar hasta donde esta Sita.

El rescate

Jánuman llega hasta donde está Sita secuestrada, y se entera de que ella no ha cedido al chantaje de casarse con Ravana, pues ama solo a Rama, y prefiere morir antes de entregarse al tirano.

Jánuman es prendido cuando intenta volver para informar a Rama, y le prenden las plumas de la cola, lo que hace enfadar a Agni y ayudar a Jánuman, que, con la cola encendida, va quemando todas las casas de Lanka hasta que logra escapar.

Jánuman por fin informa a Rama de que Sita está viva y pura. Entonces Rama pide ayuda al dios del mar, y este le da gigantescas piedras para que los hombres mono y los hombres oso las lancen al mar y las usen como puente (el famoso puente de piedra todavía existe entre Sri-Lanka y el sur de la India).

Rama monta en su vimana y se dirige volando hacia la isla mientras su ejército lo hace sobre el puente de piedra.

Al llegar a la isla se encuentran por sorpresa con el terrible y gigantesco Kumbhcarna, hermano de Ravana, que derrota a los hombres mono, deja dormido a Rama con hechicerías y al borde de la muerte a su hermano Lakshmana.

Kumbhcarna derrotado por Lakshmana

Lakshmana se recupera gracias a la ayuda de Jánuman, y reta a muerte a Kumbhcarna, que acepta el reto sin saber que Agni está del lado de la gente de Rama, y pierde la vida ante la fogosidad guerrera de Lakshmana.

Rama despierta, Ravana sale de su palacio al ver la muerte de su hermano, y se enfrenta finalmente a Rama con insultos, blasfemias y armas.

Ravana, el tirano de los demonios

Rama es muy fuerte, pero Ravana no le va a la saga y el combate dura más de lo esperado, hasta que, por fin, Rama, con el arco y la flecha de Brahma, logra derrotarlo y sacar a Sita de su cautiverio.

Ella intenta abrazarlo, pero Rama duda de su pureza al haber pasado tanto tiempo con tan formidable guerrero como lo era Ravana.

Sita se molesta y pide pasar la prueba de fuego para dar fe de su pureza. Agni, que sabe de la fidelidad de la princesa, ratifica su honor ante todos tomando cuerpo y sacándola indemne de las flamas; Rama, avergonzado, baja la cabeza y pide perdón a su esposa, para llevarla como reina a Ayodhia, pues ya se han cumplido los catorce años de exilio, donde los espera el pueblo entero para venerarlos, incluido su hermano Bharata.

Rama, tras su gesta y recuperación del trono, es elevado a la calidad de deva por el resto de los dioses, para reinar en el Cielo y en la Tierra y gozar de la felicidad eterna.

Su padre, el rey, mientras tanto, ascendía a las alturas libre espiritualmente de los lazos terrenales, entre otras cosas, por haber cumplido su palabra.

OTRAS VIDAS, OTRAS HUMANIDADES

Para muchos, el argumento del *Ramayana*, es el de todas las películas, novelas y cuentos de héroes, con drama y suspenso, amor y pasión, vida y muerte en la lucha sempiterna del bien contra el mal, aunque al final la línea del mal es algo difusa y el villano de la trama resulta atractivo para los espectadores.

Un "buen" malo hace más interesante la trama.

Para algunos, a pesar de las fantasías y las supersticiones, el *Ramayana* tiene una fuerte base histórica, y hasta suponen que nos habla de una época remota donde los seres humanos todavía eran salvajes parecidos a los monos y a los osos, denisovanos o afarensis, e incluso algo parecidos a los neandertales.

Desde este punto de vista, no hay ningún problema para que tanto Rama como Ravana tengan la piel azul, ya que pertenecen a otra humanidad, a otra especie o incluso a una línea de devas que tienen que ganarse el cielo como se lo tienen que ganar actualmente los seres humanos.

Una especie de humanidad anterior a la humanidad actual, con virtudes y defectos que hoy reconocemos en nosotros mismos, con guerras y enfrentamientos, amor y fidelidad, abuso y desconfianza, celos y conflictos, y, por qué no, momentos de enorme dicha y felicidad.

Vimana de Rama con forma de ave

En algunas versiones ya aparecen los vimana, las casas flotantes que podrían ser naves espaciales o simplemente adelantos tecnológicos de la época y en manos de unos cuantos privilegiados, pero en otras solo se insinúa que Ravana y Rama vuelan, ya sea ayudados por los dioses, por los buitres o por aves raras como en la que se convierte Jánuman.

Por supuesto, no falta quien señala que la historia es muy atractiva, pero que es simple y llanamente mitología hindú, con valores morales y ejemplificantes, donde la mujer es fiel a pesar de todo y está dispuesta a inmolarse o a ser quemada en la pira funeraria de su esposo, antes que faltarle o serle infiel; mientras que el esposo debe ser una especie de héroe que lucha contra todo y contra todos con tal de ser un buen proveedor y un mejor protector de su esposa.

Una historia romántica con final feliz, nada más, que da fe de lo maravillosa y creativa que es la mente humana.

LA MEZCLA DE LOS DIOSES

Uno de los puntos a destacar por algunos expertos, es la mezcla de los dioses antiguos con los dioses del hinduismo, sin que haya conflicto entre ellos.

Agni, el dios primordial del fuego, aparece junto con Brahma, el dios del aliento divino. Ambos salvan y protegen a los suyos, y matan y destruyen a los ajenos.

En esta línea de ideas, Sita es la reencarnación o avatar de la esposa de Brahma, Sarasvati; o el avatar de la esposa de Visnú, Lakshmi, dependiendo de la fuente; aunque seguramente no es Parvati, la esposa de Shiva, porque las dos primeras eran muy buenas y fieles esposas, mientras que Parvati era mucho más independiente, más rebelde y más suelta.

En el *Ramayana* se mezclan los dioses del pasado

con los dioses hinduistas que rigen hasta el presente el ánimo devocional en la India.

Los dioses del pasado no son venerados como los dioses del presente, pero no se olvidan.

De esta manera, el *Ramayana* es la crónica del sentir religioso de los hindúes, o bien una puerta que se abre entre el más lejano pasado, el presente y el posible futuro.

No se sabe con qué intención lo escribió Val Miki, pues ni siquiera se sabe a ciencia cierta si lo escribió él, si el escrito se hizo en el siglo III o en el V antes de nuestra era, o si solo es la recopilación de una leyenda tan antigua que se pierde en la noche de los tiempos, y que llegó a Val Miki, o a otros poetas, por la vía de la tradición oral y la buena memoria de los narradores.

Lo curioso es que la historia se sitúa hace un millón y medio de años, cuando los seres humanos como los conocemos hoy no existían, y se parecían más a los monos y a los osos que a los *homo sapiens*, sin más dioses que sus líderes, porque los devas, como Rama, vivían aparte y eran de color azulado.

LOS VIMANA

Para algunos una insinuación, para otros algo textual, como el vimana de Ravana, que está adornado de flores, o el vimana de Rama, con forma de ave, con lo que el *Ramayana* sería el primer texto donde aparecen las casas voladoras de los dioses surcando los cielos de la Tierra, porque en los terrenos divinos los dioses ya se transportaban de un planeta a otro en sus propias naves divinas y espaciales.

Pero es en el texto védico, *Samarangana Sutra chara*, una verdadera enciclopedia de arquitectura e ingeniería del siglo XI de nuestra era, donde aparecen las máquinas voladoras descritas tecnológicamente, con motores y combustible incluidos, que ya usaban los devas un millón de años atrás.

Por supuesto, se ha intentado construir dichas máquinas voladoras siguiendo las explicaciones de la enciclopedia, pero no ha funcionado, sobre todo por el "mercurio" que no sirve de combustible, porque quizá, aseguran algunos, la traducción es errónea y ese "mercurio" no es el mercurio que conocemos.

Hoy en día, en la India a los aviones se les sigue llamando "vimanas", tanto de guerra como comerciales, solo que ya no transportan devas, sino mercancías, armas y seres humanos.

VI

MAHABARATA:
LAS GUERRAS CELESTIALES

¿De dónde habrían de salir
tantas historias y fantasías?
¿De dónde?
¡De la inspiración divina!
CANTO HINDÚ

Cuenta la leyenda que el *Mahabarata* fue escrito por inspiración divina del mismo Brahma, quien instruyó a Ganesha para que le recitara de memoria al escriba Viasa los versos y las historias que componen la obra.

Mientras Ganesha cantaba, Viasa escribía, pero lo hacía tan rápido y tan inspirado, que aumentaba aquí, recortaba allá y corregía tanto, que muchos de los versos y las historias quedaron algo alterados desde el principio.

Viasa no era un escribano dócil y fácil, sino exigente y rebelde incluso con los dioses.

Eso sí, a pesar de los cantos de Ganesha y las prisas de Viasa, no se alteró para nada la esencia del *Mahabarata*, porque al fin y al cabo era inspirado por el mismo Brahma, el dios más elevado y principio universal de todas las cosas.

¿Cuándo fue escrito?

Según los creyentes y la mitología hindú, en el 3102 antes de nuestra era, recopilando en sus textos las historias de la tradición oral, verídicas y reales, que ocurrieron muchos miles de años atrás, no se sabe cuántos.

Por la posición de los astros que relata en sus tratados de astronomía, podría haberse escrito tanto en el 3600 (kali-yuga) antes de nuestra era, o entre los siglos V y IV anteriores a nuestro calendario actual, porque muchas de estas posiciones astronómicas son cíclicas y se repiten en la observación a simple vista de las estrellas.

Hay quien señala ciertos preceptos budistas entre sus páginas, por lo que su realización debió haberse hecho con Buda ya muerto, sobre el siglo III antes de nuestra era.

Es decir, no hay acuerdo ni entre los diletantes ni entre los expertos, aunque, obviamente, muchas de sus leyendas son arcaicas y muchos de sus argumentos filosóficos hinduistas y humanistas, a pesar de las guerras celestiales, son más modernos y cercanos al siglo VII antes de nuestra era.

Inspiración divina

A excepción del *Ramayana*, todos los textos sagrados de la India son de inspiración divina, como en su momento lo fueron el *Pentateuco* semita o el *Corán* islámico.

En este caso, fue Brahma quien inspira a Viasa a través de Ganesha, con lo que los errores geográficos, biológicos, astronómicos quedan a cargo de la divinidad y no de la ignorancia o la torpeza de los hombres.

Viasa, el inspirado por Brahma

Por supuesto, en lo más absurdo se debe considerar lo metafórico y las enseñanzas crípticas, veladas o secretas; y, en lo más certero, las cosas deben tomarse al pie de la letra.

La inspiración divina no puede ni debe fallar, aunque parezca que a menudo se equivoca de pleno, porque los que se equivocan, en todo caso, son los que leen los textos sagrados al interpretarlos sin realmente entenderlos, y el *Mahabarata* tiene cientos de versiones, traducciones e interpretaciones hechas por expertos, por admiradores o por simples escribanos que cobraron muy poco por hacerlas, mientras sus editores se sobaban las manos.

La larga vida de Viasa

Muchas de las historias del *Mahabarata* hacen referencia al mismo Viasa como gurú o personaje, como en la historia inicial donde un viejo Gurú, el propio Viasa, viaja por el río y ve a una muy joven y hermosa mujer, y se apasiona con ella, mas no tiene intenciones de hacerla su esposa.

El anciano le pide relaciones sexuales a la niña, pero esta se niega por parecerle poco apropiadas.

El anciano insiste, y la niña le dice que debe guardar su virginidad para su esposo.

El anciano no ceja y le promete a la niña recompensas y tesoros, y que seguirá siendo virgen tras haber parido al hijo que nacerá fruto de sus relaciones.

La niña vuelve a negarse porque una barca no es el lugar adecuado para tener relaciones sexuales.

El anciano crea una isla entre los dos bordes del río.

La niña sigue negándose porque el islote está a la vista de todos.

En el hinduismo los seres humanos tienen derecho al placer, e incluso la obligación de satisfacer sus deseos.

El anciano crea una espesa neblina alrededor del islote, y la niña por fin accede a las pretensiones sexuales del anciano, dando a luz a un niño inmediatamente después.

El niño se llamará Krishna, para algunos el avatar de Visnú, para otros simplemente un niño moreno o azul oscuro, que irá evolucionando y teniendo varios nombres hasta llegar a ser verdaderamente Krishna.

De esta manera, también se revela que Viasa tiene algo de deva, por lo que no es extraño que viva más de cuatro mil años para componer el *Mahabarata* y muchos de los sutras que en este se encuentran.

La guerra de los 18 días: La guerra de Kurukshetra

Viasa también participa en la guerra de los 18 días, donde dos grupos antagonistas se pelean por la posesión del extenso reino de lo que entonces era la India.

La lucha se inicia entre dos clanes hermanos, los Kauravas y los Pándavas por el trono de Hastināpura, y tras 18 días (siglos para algunos estudiosos), los Pándavas, con los herederos Arjuna (auspiciado por Indra, el rey de los dioses), Iudishtira (auspiciado por Dharma, el dios del deber religioso) y Bhimá (auspiciado por Vaiu, el dios del viento), triunfan sobre sus enemigos.

Los herederos de los Pándavas, comandados por el rey que no pudo tener hijos, eran cinco hermanos casados con una misma mujer, al estilo tibetano.

La maldición sobre el rey de los Pándavas se debía a que, accidentalmente, había matado a la esposa de un poderoso y sabio gurú mientras hacían el amor. En venganza, el gurú lo maldijo para que sus mujeres murieran cuando tuviera relaciones sexuales con ellas.

Debido a que fue un accidente, el rey de los Pándavas pidió ayuda y justicia a los dioses, quienes le pidieron que tomara una segunda esposa para poder inseminarla sin que muriera, y el rey así lo hizo, por lo que por fin tuvo herederos que lo ayudaran a luchar contra los Kauravas.

Los Pándavas

Millones de guerreros de todos los lados de la India se sumaron al conflicto, y sus batallas se describen casi una a una durante cuatro largos capítulos del *Mahabarata*, donde los dioses también toman partido, y es Indra, el mítico señor de los dioses de la antigua y primera Triada, quien finalmente saldrá victorioso de la batalla, si bien es cierto que Maya y Brahma lo acompañan.

Guerra, guerra y más guerra, santa o no santa, donde en realidad no hay buenos ni malos, solo enemigos que se enfrentan por lograr la supremacía y el poder, con un hinduismo primigenio en donde los dioses se encuentran decantando la balanza, y donde matar o morir no impide la liberación espiritual, sino que la fomenta, porque la guerra no es en sí una desgracia a pesar de sus horrores, es un deber, y gana, no el mejor ni el más elevado, sino el que tiene mejores armas.

Un rayo con el poder de mil soles

Uno de los pasajes más famosos del *Mahabarata*, o *Libro de la Guerra*, es el que se refiere a las batallas que se llevaban en los cielos entre los dioses mientras los Pándavas y los Kauravas peleaban en la Tierra.

Indra, Brahma, Maya (la constructora de vimanas), Varuna y Kubera, entre otros, tenían sus propias naves voladoras que surcaban tanto el cielo terrestre como el espacio sideral, a unas velocidades increíbles e impresionantes.

Mientras se desarrollaba la guerra terrestre, el vimana de Indra permanecía inmóvil en el cielo, como observando los acontecimientos.

Algunas vimanas peleaban entre sí lanzándose rayos.

De pronto, de una vimana, la de Indra, *"salió un solo proyectil, cargado con toda la fuerza del universo. Una columna incandescente de humo y llamas, brillante como diez mil soles, se elevó en todo su esplendor"*, y destruyó de un solo golpe a dos etnias completas, *"pues redujo a cenizas a toda la raza de los Vrishnis y los Andhakas. Los cadáveres quedaron tan quemados que no se podían reconocer. Se les cayeron el pelo y las uñas: los cacharros se rompieron sin motivo, y los pájaros se volvieron blancos. Al cabo de pocas horas todos los alimentos estaban infectados; para escapar de ese fuego los soldados se arrojaban a los ríos, para lavarse ellos y su equipo; al poco tiempo todo lo que había alrededor estaba muerto y contaminado."*

¿Dos bombas nucleares como las de Hiroshima y Nagasaki tres mil años antes de nuestra era?

¿Demasiada imaginación, o profecía certera?

¿Holocausto y genocidio perpetrados por los dioses?

¿Mito o realidad?

Para los hinduistas es realidad pura y dura, tanto los proyectiles nucleares como las vimanas que arrojan fuego y mercurio a su paso, que pudo haber sucedido hace miles de años, ya sean 3600 o bien 800400, tantos que la memoria de los hombres actuales no alcanza a recordarlo, pero cierto y real.

Cuentan y dicen que, así como no han acabado las guerras entre los hombres, tampoco han llegado a su fin las batallas entre dioses en los cielos, y que la guerra entre los dioses arcaicos y los dioses del hinduismo se mantienen a fuego vivo, pero que han dejado de aparecer en los cielos desde el siglo XVI de nuestra era, por un pacto o alianza que los dioses hicieron con la Hermandad Blanca del Tíbet, para que no se volvieran a mezclar los conflictos de los dioses con los conflictos bélicos de los humanos, al menos no físicamente, porque los dioses deben tener ahora armas mucho más mortíferas que las que tenían hace 3600 años, y podrían acabar de un solo golpe con toda la vida que hay en el planeta.

El Bhagavad Gita

Este texto, para algunos adosado al *Mahabarata*, cuenta la historia de Arjuna, entonces rey, y su auriga, Krishna (que, disfrazado de sirviente, ha descendido a la Tierra para salvar a la humanidad de sí misma), durante la guerra de los 18 días.

Krishna revelando su divinidad a Arjuna

Arjuna está espantado ante los horrores de la guerra, tanto, que piensa en dejarla y retirarse a un lugar donde solo haya paz.

Krishna le aconseja que no debe hacerlo, pues es su responsabilidad sacar a su ejército adelante, entender lo que es la vida y lo que es la muerte, y la verdadera finalidad e importancia de la existencia.

Arjuna, a regañadientes, comprende las palabras de Krishna, y sigue en la guerra hasta que su bando obtiene la victoria, aunque ganar o perder, según Krishna, carece de importancia, porque lo importante era librar las batallas.

Este texto, sencillo y directo, da lugar a cientos de historias y leyendas donde los personajes son Arjuna y Krishna.

Krishna se convierte en el gurú de Arjuna al revelarle su identidad divina como avatar de los dioses (de Visnú específicamente), y le da una serie de enseñanzas para que Arjuna comprenda, aprenda, practique y finalmente alcance la liberación de su espíritu en las estancias celestiales.

Muchas de estas leyendas tienen unos elementos búdicos impensables para las fechas en que fue escrito el *Mahabarata*, por lo que algunos señalan que quizá el mismo Bhagavad Gita no pertenezca realmente al *Mahabarata* original, sino a alguna de sus versiones posteriores.

Sí, el *Mahabarata* tiene otras versiones y extensiones, unas más religiosas que las otras (como el libro *Bharata*, de Vaisampaiana), pero casi siempre en verso, además de sus múltiples traducciones e interpretaciones, como las que se le hicieron en Medio Oriente durante el siglo XVI, con un mundo árabe y semítico enamorado de la guerra santa, donde se fragua la figura de Alá y el islamismo como futura religión redentora de aquella India tradicionalmente blasfema.

Aunque parezca increíble, el islam medieval era culto y refinado, en comparación con una India bastante salvaje y con cientos de dioses y sectas que siempre estaban en pugna, por lo que se creyó que una sola religión monoteísta sería una buena opción para ordenar jurídica y socialmente a aquella sociedad de castas.

Por gracia o por desgracia no fue así, y el islam se convirtió en una creencia más, o en una ideología teocrática que no tardó en hacer la guerra al hinduismo, el budismo, el jainismo y el sijismo, cayendo en un nuevo *Mahabarata*.

JUEGOS DE GUERRA

Obviamente, el *Mahabarata* es un libro de estrategias, con formaciones militares, batallas cuerpo a cuerpo, armas mortíferas y metáforas donde la formación águila gana a la formación serpiente, o la formación manta o papel, gana a la formación piedra o roca.

La observación del enemigo, la paciencia, los recursos, el terreno, el espionaje y hasta la ayuda de los dioses juegan un papel importante.

No son pocos los generales que han seguido estas estrategias, incluyendo a los lanceros de Bengala ingleses, que utilizaron las tácticas del *Mahabarata* para vencer a los ejércitos de la India, en la inteligencia de que un clavo saca otro clavo, y que en el veneno se encuentra el antídoto, ya que muchos de estos lanceros eran de origen hindú, pero con nacionalidad británica.

Los míticos lanceros de Bengala

De esta manera, la guerra se convierte en un juego parecido al ajedrez, con el rey resguardado por la reina, con más peones que figuras importantes, y un ejercicio de la inteligencia para derrotar al contrario.

En una buena partida de ajedrez el último en morir siempre es el rey.

LA FUERZA DEL PACIFISMO

Paradójicamente, el *Mahabarata* da lugar al pacifismo, a la no violencia, al repudio de la guerra como resolución de conflictos, y a buscar por la vía del diálogo y la alianza, la armonía entre pueblos vecinos o culturas diferentes.

Nada de guerra santa, sino paz santa y armonía, con una resistencia no beligerante, sino paciente y apoyada en la justicia y en la razón, y no en los dioses, sino en los valores de la humanidad.

Así lo vieron Mahavira, Buda, Ashoka y Gandhi, y hasta el mismo Arjuna a pesar de las motivaciones de Krishna para continuar la guerra.

Krishna alentando a Arjuna a hacer la guerra

"Los dioses suelen ser malos consejeros en cuestiones de guerra, porque, al ser eternos, no pierden la vida en los enfrentamientos", diría Mahavira.

Efectivamente, los dioses pueden perder el juego de la guerra sin que les pase absolutamente nada; cuando mucho perderán votos entre sus fieles seguidores, y su honor se verá manchado un par de semanas, pero nada más.

Además, para los dioses los humanos son como insectos, seres sin valor y con muy corta vida, un experimento con unos cuantos que se salvarán y subirán a los cielos, y unos muchos, demasiados, que no tendrán la menor oportunidad de elevar su mente, su alma, su cuerpo y mucho menos su espíritu, pues son carne de cañón en la primera línea de batalla, paredes humanas, peones, hombres mono, soldados rasos que mueren y matan en nombre de los dioses o de sus señores, mientras sus dioses y sus señores ni siquiera se despeinan y al final de todo pactan y no se acuerdan de los muertos.

¡Qué pocos reyes y señores mueren en la batalla!

"No cabe duda de que es hermoso y emocionante jugar a la guerra cuando al final de la partida no se pierde nada", bien podría ser el mensaje oculto, sabio y hasta paradójico o parabólico del *Mahabarata*.

La paz es poderosa, no hay la menor duda, por más que se diga que la guerra, además de emocionante, es productiva, como Shiva, pues a cada destrucción viene una inevitable reconstrucción, además de innovar en la tecnología con nuevas armas y productos creados específicamente para la guerra, como las armas, los vimanas, los artilugios tecnológicos, los rayos asesinos y los misiles genocidas, ya que más tarde se podrán emplear en la industria y hasta en los hogares.

La paz también puede ser (y de hecho lo es), creativa, productiva y recreativa, y producir sabiduría, conocimientos y alta tecnología en todos y cada uno de los campos de la vida.

VII

HINDUISMO:
LAS CREENCIAS MÍTICAS

*La existencia es algo más
que la vida física;
y el alma es algo más
que las ataduras emocionales.*

MAHAVIRA

El hinduismo moderno se parece cada vez menos al hinduismo tradicional, se quejan los más fundamentalistas, pues se ha contaminado de budismo, jainismo y sijismo, contradiciendo los valores de los dioses ancestrales de la segunda Tridosha, donde el sexo, el placer, la guerra y la aspiración celestial eran no solo una necesidad, sino una obligación, un derecho y una responsabilidad para todos y cada uno de los fieles.

La no violencia atentaba contra los valores más esenciales de Shiva, el destructor; la tolerancia de otras religiones atentaba contra los principios de Visnú y su dharma; la castidad atentaba contra Parvati y Shiva; y los nuevos dioses de otras religiones eran una terrible ofensa contra Brahma como dios único, y contra Brahman, el principio universal.

Gandhi mismo es asesinado, no por un islamista intolerante, sino por un hinduista fundamentalista, porque su hinduismo estaba pervertido, como él, y, por tanto, que la India se independizara de Inglaterra bajo estos valores de pacifismo y falsa castidad, era todo un sacrilegio.

NÚMEROS Y CONVIVENCIA

Se calcula que el hinduismo cuenta por lo menos con 900 millones de fieles en la India, aunque quizá sean un poco más o un poco menos, porque la mayoría de los recién nacidos en la India son hinduistas por pura tradición popular y cultura contextual, incluso si nacen del lado islámico, porque la cultura popular de la mitología hindú lo arrasa todo, castas incluidas.

También hay fieles del hinduismo en medio mundo, como en Nepal, donde se podría decir que casi todos sus habitantes son hinduistas.

La emigración ha llevado al hinduismo a Europa y a los Estados de América, incluso las modas del vegetarianismo, veganismo y similares, han convertido al hinduismo a fieles de otras congregaciones.

La moda del hinduismo comenzó en el siglo XIX cuando Inglaterra invadió el sur de Asia, por lo que, de pronto, hubo hinduistas en Europa que no comprendían el concepto de Brahma y de Brahman, ni conocían los textos sagrados ni los puranas (cuentos y leyendas hindús) porque todavía nadie los había traducido al inglés, pero no importaba, con sentirse hinduistas era más que suficiente.

Por cierto, el hinduismo del siglo XIX todavía no se sumaba a la no violencia, por lo que no importaba ser soldado y matar a los bengalíes rebeldes o a los musulmanes pakistaníes, mientras se respetara a las vacas y se comieran vegetales.

Con todo el dharma de Visnú, que, con su escudo de la obligatoriedad religiosa corta la cabeza a los fieles de otras religiones, y todas las amenazas de Shiva y su espada de fuego destructor, el hinduismo ha convivido desde hace por lo menos cinco mil años con todo tipo de creencias y religiones, fagocitando unas y en conflicto perene con otras, pero conviviendo, ya que en ningún caso se ha llegado a un genocidio completo de las otras religiones.

El islam, que progresó en Pakistán sobre los siglos VIII o IX de nuestra era, fue uno de sus principales enemigos, con batallas, asesinatos, purgas y conflictos ideológicos, políticos y religiosos que no han cejado del todo, pero que, a pesar de los enfrentamientos, se ha convivido, incluso en algunas épocas con más paz de la esperada.

El catolicismo y el cristianismo tienen pocos mártires en el territorio hinduista, y en algunos casos comparten la idea de "dios" único, aunque no monoteísta, con el Brahman hindú, es decir, con la idea de que Brahma no es una persona ni una cosa, sino una entidad, un principio universal creador y redentor que está por encima de todos y de todo, y que puede tomar la forma y la idea que desee, porque al fin y al cabo es el único y lo es todo.

TODOS SOMOS BRAHMAN Y BRAHMA

En el hinduismo todos somos Brahma, y Brahman

somos todos, como lo sería el dios universal de los judíos, los católicos y los cristianos, e incluso Alá, el dios del islam, un único ser espiritual con distintos avatares, nombres, reencarnaciones, rostros, lenguas y aspectos, porque siendo uno es el todo.

Brahman, como dios sin cuerpo, dios impersonal, solo espíritu, aliento divino y principio universal de absolutamente todo, puede manifestarse como le guste y desee, porque para eso es el ser supremo. El resto de dioses, desde Shiva hasta Ganesha, pasando por Visnú y Krishna, son simples avatares o pálidos reflejos de su grandeza, porque todos los dioses son esencialmente el aliento brahmánico.

Las leyendas cuentan que Brahman tiene distintas formas y aspectos en los diferentes mundos y planetas del universo, desde solo aliento de vida, hasta un ser poderoso de cien rostros y cabeza, y miles de brazos, aunque, eso sí, con la piel de color azul como corresponde a todos los devas.

Brahma, como ser con cuerpo, o dios personal, también es un reflejo de Brahman, pero más cercano a otros devas y a los hombres, más comprensible, y siempre sendero de iluminación y liberación espiritual (*moksa*).

Brahma es dios de la Tierra y de otros planetas, mientras que Brahman es el único dios del universo entero.

¿UN MUNDO DE SANTONES?

"En Nueva Delhi hay más limosneros que personas nor-

males", diría Rudyard Kipling, y Kim, limosnero como el que más, le contestaría:

"Cuánta paz se encuentra al descargar nuestras faltas en los dioses, cuanta tranquilidad, cuánta armonía.

Si de ellos depende todo, qué más da vivir de una forma o de otra forma la vida.

¡Qué bien viven los santones que en todo el día no hacen nada!

Santón hindú

Les basta con estirar el cuenco para que les den comida.
Les basta estirar la mano para que les den una moneda.
Incluso hay quien les da cobijo, cuando hace frío, o duermen al amparo de las estrellas si el clima es bueno.
No tienen hijos que les pidan ni mujer que los apure.
Para ellos no hay fronteras.

Nada buscan, nada anhelan y nada desean.

Ellos simplemente se sientan y esperan pacientemente a que los dioses provean.

Pueden vivir sin pecado y sin faltas, lo que los acerca a la liberación espiritual o a convertirse en su próxima vida en lamas o en devas, e incluso en espíritus libres que han alcanzado el cielo por lucidez, y sin nada que los retenga o ate a la Tierra, al darma o a la Rueda de las Reencarnaciones.

Nada como ser un santón para estar más cerca de la iluminación y de los devas.

¡Qué sabios son!

¡Qué buenos consejos dan!

Saben mirar e interpretar las estrellas, y con ello vislumbrar el futuro para elegir lo mejor y apartarse de los problemas, y todo a cambio de unas monedas.

No comen carne ni matan a los insectos, respetan a todas las formas de vida y a todas las creencias y religiones.

Nunca están en pugna con nadie.

No van a la guerra ni quieren dirigir ni mandar sobre nada ni nadie.

Aceptan la vida tal como es, no critican ni desprecian a nadie.

Nada tienen contra el sirviente ni contra el señor.

Se podría decir que viven del aire, de mismo aliento de Brahma el creador, el más elevado de los dioses.

¿Cómo sería el mundo si todos fuéramos santones?

¿Los dioses vendrían a servirnos la mesa?

¿Los niños nacerían por intervención divina, sin sexo ni parturientas?

¿La Tierra sería un paraíso?

Sí, seguramente, lo curioso es que la mayoría de los hombres y las mujeres no quieren ese tipo de vida sin hambre y sin sufrimientos, prefieren acumular karma oscuro, por eso es que tan pocos humanos ascienden finalmente a los cielos".

KARMA Y DHARMA

Dentro del hinduismo clásico, el karma son los pensamientos, los sentimientos, las acciones y las decisiones que se toman en cada vida, buenos o malos, certeros o errados, y que se acumulan o manifiestan en cada reencarnación, así que, dependiendo de lo que hagas en esta vida, se reflejará en la vida siguiente.

Hay karmas que se piensan positivos en esta vida, pero quizá no lo sean tanto para la próxima vida, por lo que se debe reflexionar y meditar bien y correctamente antes de actuar, sentir o pensar.

También hay karmas que parecen negativos en esta vida, pero que en la vida siguiente tienen sus recompensas si a pesar de todo se ha actuado, pensado y sentido con respecto al fin último de la existencia, y no con respecto a lo que nos parece bueno o malo en esta vida.

Hay que tener en cuenta que esta vida es Maya, es decir, una ilusión, y lo que en esta vida nos parece bueno o malo no tiene ninguna importancia en el mundo espiritual, o en el verdadero mundo más allá de las ilusiones y las ataduras terrestres de cada existencia.

Para eso está el dharma, o la obligación espiritual, con la que se puede limpiar todo karma que impida que nuestro espíritu se libere.

Tus cargas kármicas se pueden depurar a través del dharma, tanto para la próxima vida como para el acercamiento al despertar en el mundo espiritual.

En este sentido el dharma es la experiencia y el conocimiento lúcido y espiritual que se obtiene vida tras vida, la conexión entre tu ser interno y la divinidad, la liberación del ego de cada vida, en favor el ser espiritual que todos llevamos dentro.

Popularmente se dice que el dharma sirve para limpiar el karma, y que hay que tener fe y devoción en los dioses para que nos iluminen y esto suceda.

El dharma depurando el karma

Cuando no se depura el karma a través del dharma, se involuciona o se mantiene al ser en tránsito, sin avanzar en el sendero espiritual, que es lo que le sucede a la mayoría de los seres humanos que viven dormidos y atados a Samsara vida tras vida. Una "mala" vida presente conlleva a una vida peor tras reencarnar.

TODOS O NINGUNO

¿La liberación espiritual es para unos pocos, o es para todos?

¿Todos estamos en el mismo barco, o unos son los que reman y naufragan y otros son los que se salvan del naufragio?

En el hinduismo clásico está claro: solo los más elevados trascienden al mundo espiritual y se abrazan con Brahma al final de sus días.

El resto está condenado a miles de vidas, generalmente malas o peores, y aunque puede haber el milagro de la iluminación en algún paria, los brahmanes tienen más oportunidades de salvarse de las cadenas de esta vida.

En el hinduismo más moderno, donde el budismo ha hecho mella, la salvación debe ser global y total, es decir, que todos y cada uno de los seres humanos que han nacido y reencarnado en este planeta deben ser salvos y espíritus abrazados a Brahma en el final de los tiempos, cuando a Shiva le toque destruir a todo el universo para comenzar de cero y de nuevo, dejándolo todo limpio y sin rastro de las generaciones anteriores; o bien cuando Visnú despierte y todo, absolutamente todo, desaparezca, pues solo ha sido un largo sueño, una ilusión sin más importancia que se diluye cuando el ser interno despierta y se da cuenta de que su verdadero mundo es otro, y no el que se ha soñado.

Al final de los finales, todos y cada uno de los seres deben ser salvos, pues espíritu son esencia, y espíritu lo serán siempre.

O todos, o ninguno, se dice en algunos círculos hinduistas más modernos, pues si solo uno de todos los seres que en el mundo han sido no se salva, arrastrará al resto, y de nuevo, a la cuasi infinita Rueda de las Reencarnaciones.

Por tanto, no solo se debe ser mejor individualmente día con día, realizando el dharma y superando el karma, sino que se debe animar y enseñar a los demás a serlo, pues el mal que haga el hermano puede dañar a la comunidad entera y borrar de un plumazo todo lo bueno y positivo que se haya hecho.

No basta con que un sabio o un santón se libere para trascender al mundo espiritual, pues la humanidad entera, con sus actos, pensamientos y sentimientos, debe ascender a través del sendero correcto.

Salvarse a uno mismo puede ser un pecado de ego y soberbia, y hasta una traición al hermano que no se salva, y al que se le deja sufriendo y atado a la Rueda de las Reencarnaciones, con lo que al final no hay salvación para ninguno de los dos.

Por eso, se cuenta y se dice que los santones y los sabios, los lamas y los monjes elevados, regresan a este mundo, como Krishna, para salvar a toda la humanidad de sí misma.

LOS DOS CAMINOS PARA ABRAZAR A BRAHMA

En el hinduismo hay dos maneras de alcanzar la liberación espiritual para abrazar a Brahma y ser uno con el todo:

-Devoción.

-Sabiduría.

Los devotos que cumplen con el dharma, veneran a sus los devas y cumplen con sus obligaciones espirituales, siempre están cerca de escapar de Samsara, la Rueda de las reencarnaciones.

Los ateos están muy lejos de llegar al cielo, incluso si se portan bien y no hacen mal a nadie, por lo que los jainistas y los budistas quedan descartados, no así los sijs, que al menos creen y veneran a "dios".

Sin embargo, un ateo sabio puede alcanzar la iluminación a través de sus conocimientos, pues al superar la ignorancia puede obtener la lucidez necesaria para llegar a Brahma, ya que en su sabiduría verá que el mundo terrenal es solo una ilusión, y que la verdadera existencia no se encuentra en los bienes, emociones o placeres de este mundo, exceptuando al sexo, como el Tantra Yoga lo indica, pues un orgasmo intenso puede ser suficiente para llegar a la iluminación.

La meditación también ilumina, lo mismo que la respiración consciente (*prana*) y el apartarse este mundo y sus veleidades.

Sabio no es solo el que sabe muchas cosas de textos, artes o ciencias, ni el que tiene una buena memoria y se puede recitar todos los Vedantas, sino el que entiende, comprende, experimenta, piensa, reflexiona y actúa en consecuencia.

Las cuatro ramas del hinduismo

Los textos y las tradiciones de los vedas tienen algo de hinduismo, así como el hinduismo tiene algo de los vedas, pero en realidad son dos escuelas bien diferentes, ya que Indra y Agni ayudan a la humanidad, pero en ningún momento le ofrecen la liberación espiritual, mientras que Brahma, con el que comparten algunos renglones, sí lo hace, lo que le dio preponderancia al hinduismo en detrimento del vedismo.

El hinduismo ha cambiado a lo largo de los siglos, y aunque venera los textos vedantas, sigue un camino distinto, con sus tres dioses principales que en realidad son uno solo, Brahma, y cientos de dioses sectarios o locales.

En la India hay 22 idiomas cooficiales junto con el hindi (indi o hindú), y algunas etnias solo saben hablar su propio idioma.

Muchos hindús hablan con fluidez el inglés, e incluso para algunos es su lengua madre; otros hablan español, sobre todo los emigrantes, y de la misma manera que la lengua del hinduismo es el hindi, pero tiene que aceptar a otras lenguas de sus diversos creyentes, la religión hindú tiene que aceptar la complejidad de sus seguidores a lo largo y ancho del mundo.

El hinduismo llega tanto a Birmania como al Nepal, a la Guyana como a Surinam y Trinidad y Tobago, e incluso a Sudáfrica, junto con la lengua hindi, pues la emigración es fuerte y constante.

En Inglaterra, Canadá y Estados Unidos de Norteamérica hay hablantes de hindi, con sus templos hinduistas dedicados a Shiva o a Visnú, que obviamente siguen los mitos, las leyendas y la religión de sus antepasados.

Entre tantos fieles y seguidores, unos con Ganesha o Maya a la cabeza, o con Kali y Krishna, hay cuatro ramas importantes:

**Cuatro son las ramas delhinduismo,
como los cuatro brazos divinos**

-El Visnuismo, dedicado a Visnú y a la preservación del Dharma.

-El Shivaísmo, dedicado a Shiva y a la Guerra Santa.

-El Shaktismo, dedicado a Shakti y su manto protector.

-El Smartismo, la doctrina de la disciplina espiritual que no acepta más dios ni principio universal que a Brahman, el Brahma espiritual sin cuerpo.

El Visnuismo y el Shivaísmo para algunos tienen fama de sectarios y beligerantes, nada tolerantes con otras religiones, incluidas algunas ramas menores del hinduismo. Visnú corta cabezas herejes con su escudo, y Shiva mata a los no creyentes con sus armas, al menos figurada y metafóricamente en los últimos tiempos.

Se supone que el Shaktismo es más suave y popular, sobre todo entre los pobres y entre las mujeres hindús.

Mientras que la tradición Smarta es simplemente selectiva, y aunque sigue los textos vedantas más que las otras, cree firmemente que solo sus fieles discípulos lograran la ansiada liberación espiritual, pues es la única rama hinduista que tiene de su lado a Brahma, y Brahma es la única y verdadera realidad.

LAS SEIS DOCTRINAS DEL HINDUISMO

A pesar de las diferencias que pueda haber entre las doctrinas, escuelas y sectas del hinduismo, se puede decir que todas ellas tienen en común las seis doctrinas que ya vienen en los antiguos textos védicos:

-Mimaṃsa, o los rituales, mantras, mandalas, pranas, dharma, karma y hasta el comportamiento social que debe seguir todo buen hindú, que debe ser recto de pensamiento, intención y ejecución.

-Nyaya, o la argumentación en contra de otras religiones, tanto en lo ideológico, como en lo filosófico y en su práctica.

-Samkhya, o la tolerancia hacia el ateísmo, siempre y cuando este sea sabio y llegue a la concepción de Brahma por sí mismo, porque el verdadero sabio al final se dará cuenta por sí mismo de la existencia fiable y real de Brahma.

-Vaisesika, o el atomismo, donde todo el universo está formado de pequeñas e invisibles esferas (*paramanu*). Solo hay dos formas de llegar al conocimiento, a través de la percepción (los sentidos) o a través de la inferencia (pensamiento abstracto). Lo único que no está formado por paramanu son el tiempo, el espacio sideral, el éter, el espíritu (el ser superior) y el alma (las emociones y los sentimientos).

-Vedanta, las tradiciones y los fundamentos filosóficos, e incluso científicos y hasta médicos y astronómicos, que se encuentran en los textos védicos, y que son la fuente donde bebe el hinduismo.

-Yoga, o los ejercicios físicos, mentales, espirituales y anímicos, con sus mantras y sus respiraciones, sus meditaciones y su capacidad de alterar o de elevar la consciencia de sus practicantes. En otras palabras, la unificación con lo divino estando en este mundo, y que es indispensable en prácticamente todas las corrientes y ramas del hinduismo.

LOS CUATRO PRINCIPIOS

Por muchas vertientes que haya del hinduismo, hay cuatro principios que se siguen entre sus fieles, desde el hinduismo más popular, hasta el más espiritual y atildado, si bien es cierto que muchos modernos y contemporáneos hinduistas reniegan de algunos de ellos por considerarlos malas actitudes sociales.

-Dharma, o religión, ética, moral y obligaciones que se deben cumplir con las personas y con los dioses.

-Artha, o la dedicación a la prosperidad y al trabajo. Nadie debe estar ocioso, sea rico o sea pobre, porque todos tienen la obligación de producir y trabajar. Ser rico no es malo y ser pobre no es un pecado, siempre y cuando se trabaje.

-Kama, o la satisfacción de los deseos y de las pasiones, incluida la comida (sobre todo vegetariana), la bebida y el sexo. De hecho, se puede comer de todo (menos vaca) si se comulga con los alimentos y se agradece a las viandas y a los dioses la posibilidad de comerlos, aunque el vegetarianismo es preferible porque respeta la vida de muchos seres vivos. El sexo, tabú en occidente, está siendo velado o hasta repudiado por los más modernos hinduistas, pero en la tradición no era ningún pecado ni ningún problema. Por supuesto, y como en muchas otras culturas, el matrimonio es algo diferente, y no necesariamente sexual, aunque sí reproductivo y familiar, con obligaciones morales, religiosas y legales, donde la mujer tiene que pagar para casarse incluso si ella tiene ocho años y su marido sesenta. Hay que admitir que, desde la llegada de los ingleses, el sexo, visto desde el judeocristianismo, islam incluido, se ha vuelto un problema en la India ante las nuevas formas sociales y ante el rompimiento con las tradiciones: lo que era normal hace un siglo, ahora está mal visto, o incluso penado legalmente.

-Moksa, o la obligación de buscar la salvación espiritual, de elevar la mente, el alma y el espíritu, apartándose de las ataduras terrenales, emocionales y sentimentales, tanto si se abandona todo antes de la muerte y se lleva una vida ascética, como si se hace el propósito en la agonía, pero de una o de otra manera debe buscarse, por eso no es nada raro que jerarcas y poderosos lo dejen todo al final de sus días para irse a morir a un monasterio, como el padre de Rama en el *Ramayana*.

Astrología kármica,
o qué tan cerca estás del Cielo

Los sabios hindús han sido grandes científicos y buenos astrónomos.

Quizá sus medidas no eran tan buenas (tal vez las actuales tampoco lo sean), pero ya se habían dado cuenta de que el tiempo sideral es diferente al tiempo de la Tierra sin que la relatividad de Einstein los haya influido.

En la antigua India la astronomía y la astrología iban de la mano (como en muchas otras culturas), y más que para adivinar el futuro de un rajá o de un comerciante hindú, los ciclos estelares eran útiles para las siembras y las cosechas, así como para determinar los ciclos de la vida humana, con reencarnaciones incluidas, donde cada época del año era más propicia para nacer, morir o trascender.

Yiotisha se le llama a la astrología en la India, donde Maya, la ilusión, y Ganesha, la fortuna, son los patrocinadores, y tiene tres líneas de expresión:

-Védica antigua (Suria Sidhanta), donde todavía se le considera simple observación de los astros y es más una astronomía primitiva que aparece en algunos textos védicos, que un sistema de adivinación.

-Astrología hindú (Samhita), que observa y compara los ciclos de los astros con los sucesos de la India, como las guerras, las cosechas, los terremotos, las inundaciones y hasta la riqueza o la pobreza del país, no de cada persona.

-Astrología Vedanta, que observa a los astros en relación a la religión, los dioses y el ascenso espiritual, de donde se desprende la ya occidentalizada astrología kármica.

Los horóscopos personales (Rasí) son relativamente recientes, entre los siglos IX y III antes de nuestra era, aproximadamente, donde los rajas y los poderosos se interesaban por su porvenir personal, para pasar a ser después una práctica generalizada, con cartas astrales o vaticinios genéricos, que practicaban monjes, sacerdotes y santones.

De los santones pasó a la academia, donde durante siglos la astronomía era parte fundamental de la astrología, hasta que se separaron y la astronomía no servía para vaticinar nada, y la astrología se convirtió en una ciencia social, con tablas horarias y posiciones planetarias para su ejecución, dotándola así de una complejidad matemática en busca de la exactitud.

Las cartas natales de la India son cuadradas, no redondas, y más exactas, pues tienen en cuenta el verdadero paso de los astros y el kali yuga que ya lleva un desfase de 3600 años en la astrología occidental, dejando a los signos occidentales con casi quince días de diferencia, y los Aries, por ejemplo, ya no son Aries hasta el 13 de abril y no a partir del 21 de marzo.

Carta Astral hindú

Hoy en día algunas universidades indias ofrecen postgrados en astrología, con incidencia en la vida diaria, el comportamiento social, el carácter como destino, la elevación espiritual, las capacidades y habilidades, la dedicación, la sensibilidad, e incluso con relación al cuerpo humano y su salud dentro de la compleja medicina ayurvédica.

-Mesa (Aries), con dominio en la cara y la cabeza, y de carácter expeditivo e incluso irreflexivo. Espiritualidad primitiva, pero cercana a Brahma.

-Vrisabha (Tauro), con dominio en boca y cuello, y de carácter pausado, interesado y reflexivo. Espiritualidad confusa, pero cercana a Parvati.

-Mituana (Géminis), con dominio en hombros, brazos y manos, respiración y el habla, y de carácter abierto y comunicativo, caprichoso y radical. Espiritualidad abierta y joven, cercana a Maya.

-Karka (Cáncer), con dominio en el estómago, el torso y el alma, de carácter sensible, resistente, maternal y paternal. Espiritualidad psíquica, convulsa y hasta dolorida, pero cercana a Sarasvati.

-Simba (Leo), con dominio en el corazón y la sangre, de carácter pomposo, aunque noble y tendencia al gobierno y al mando. Espiritualidad egoíca, pero cercano a Ganesha.

-Kaniá (Virgo), con dominio en el sistema digestivo, de carácter servicial, aunque colérico, y medicinal. Espiritualidad de sabiduría, e incluso atea, cercana a Shakti.

-Tula (Libra), con dominio en el área umbilical, los riñones y las lumbares, y de carácter matemático que busca o posee belleza y armonía para no frustrarse. Espiritualidad simpática, cercana a Lakshmi.

-Vrischica (Escorpio), con dominio en los órganos

sexuales, las alergias, las intoxicaciones o los envenenamientos, y de carácter marcial, disciplinado y tenaz, aunque algo fantasioso. Espiritualidad guerrera, cercana a Shiva.

-Dhanus (Sagitario), con dominio en los muslos y las caderas, y de carácter empresarial, viajero y hasta sacerdotal, fanático, expansivo y tacaño al mismo tiempo. Espiritualidad judiciaria, cercana a Rama.

-Makara (Capricornio) con dominio en las rodillas y el esqueleto, de carácter ascendente, soñador, dramático y espiritual que a menudo va contracorriente. Con espiritualidad iluminada, cercana a Visnú.

-Khumba (Acuario) con dominio en el cerebro, los sentidos, la respiración y la piel, y de carácter estudioso, consejero, mental y hasta explosivo y revolucionario. Espiritualidad revelada, cercana a Krishna.

-Mina (Piscis), con dominio en el hígado y los pies, y de carácter solidario, amoroso y sentimental, pero a la vez celoso y contradictorio. Espiritualidad solidaria, cercana a Sita.

Muy lejos de la India, Hipócrates, el famoso médico griego, concibe los males de las personas con respecto a su nacimiento de una forma muy parecida, no se sabe si influenciado por la astrología egipcia o por la astrología hindú, mucho más antiguas que la escuela hipocrática, pero con claras similitudes.

La diferencia es que, en la India, el día del nacimiento representa una cualidad espiritual evolutiva y un sentido vital que la sustenta. Por tanto, si cumples con tu cometido andarás por el sendero correcto de tu evolución espiritual, pero si erras y no haces para lo que has venido a este mundo, tu ascenso se entorpecerá.

¿A QUÉ HAS VENIDO A ESTE MUNDO?

Todos hemos venido a nacer, crecer, aprender, experimentar, si acaso a reproducirnos, a comprender, madurar, reflexionar y, finalmente, a buscar la moksa, liberación espiritual o regreso a la divinidad encarnada en Brahma dentro de la mitología hindú, o a un ser divino universal, Brahman.

Sagitario, Géminis, Virgo y Piscis son los niños del zodiaco, y han venido a jugar, reír, sufrir, llorar, expresarse y disfrutar, pues su alma es joven y mutable y aún están lejos de la liberación espiritual, aunque, por supuesto, un rayo de iluminación, sabiduría o lucidez puede elevarlos hasta lo más alto y acercarlos a las puertas de Brahma.

Acuario, Tauro, Leo y Escorpio son los trabajadores del zodiaco, los radicales, y han venido a producir, tirar, levantar, aprovechar, crear, inventar, administrar, sembrar, luchar, estudiar, guerrear, cargar y, en fin, a trabajar. Si se niegan a ello corren el riesgo de involucionar, o simplemente de repetir vida y no avanzar en su camino hacia la liberación espiritual.

Capricornio, Aries, Cáncer y Libra, aunque a menudo no lo parezca, son los más cercanos al abrazo de Brahma por ser los signos cardinales, y, por tanto, los que se mueven alrededor de la liberación espiritual. Capricornio nace cercano a la puerta de Brahma; Aries mueve la Rueda Zodiacal de las Reencarnaciones incluso sin saberlo o sin quererlo; Cáncer ha venido a liberarse a través del dolor y el sufrimiento, y dentro de sí tiene los dones para hacerlo; y Libra a sacrificarse por los demás eliminando su propio ego, que siempre está a prueba o en tela de juicio, y siempre a punto de dar el salto a la superación de sí mismo, y, de esta manera, alcanzar las puertas de la liberación espiritual.

ASTROLOGÍA Y SAMSARA

La Rueda de las Reencarnaciones lleva a cada persona a un recorrido astral para que, signo a signo, vida tras vida y reencarnación tras reencarnación, logre la moksa, o liberación espiritual.

Por ejemplo, y no hay que olvidar que la Espiral Kármica abre sus puertas en cualquier tiempo y en cualquier lugar reencarnación tras reencarnación, una persona con su sol y nacimiento en Sagitario, será Sagitario en esta vida.

Si tiene el ascendente en Cáncer, es muy posible

que muera el mes de julio, porque en su próxima vida
será en Cáncer.

Hoy Sagitario, y Cáncer en la próxima vida, por lo
que pasará de ser un signo mutable poco evolucionado, a ser un signo cardinal, muy evolucionado pero
abocado a una próxima vida de sufrimientos que deberá superar.

Si tiene la Luna Negra (Luna Nueva más cercana
a su nacimiento) en Acuario, en su vida anterior fue
Acuario, signo radical de trabajo y experiencia, por lo
que sus pasos evolutivos son ascendentes, aunque no
muy congruentes.

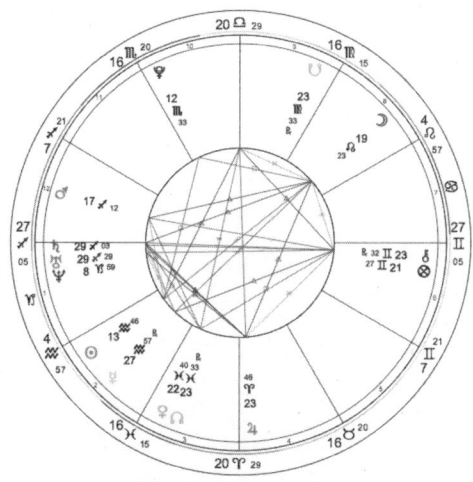

Carta astral occidental

EVOLUCIÓN ASTROLÓGICA IDEAL
Teóricamente, para que la evolución espiritual sea

ideal y la persona alcance la liberación espiritual y abrazo de Brahma, debería seguir la siguiente ruta:

-Vida pasada en Cáncer, superando los sufrimientos y apegos sentimentales.

-Vida actual en Libra, buscando y alcanzando el equilibrio, siempre en pos de la justicia y el sacrificio personal en bien de los demás, superando la vanidad y el ego.

-Vida futura en Capricornio, donde deberá alcanzar la meta moksa tras librarse de los últimos apegos mundanos y materiales, renunciando a las mieles de Maya y de Ganesha, y así lograr el abrazo y la unión espiritual con el principio espiritual, Brahma.

**Encarnación o Avatar de Brahman,
en el Brahma de Cuatro Brazos**

HINDUISMO OCCIDENTALIZADO

El hinduismo es, por lo menos, el 90% de la mitología hindú, desde el Vedanta más tradicional y antiguo, hasta nuestros días, tanto que los hinduistas más modernos y moderados no han podido hacer nada para erradicar algunas de sus prácticas y sus creencias que parecen atentar contra la dignidad de los seres humanos, contra las mujeres y contra las buenas y sanas costumbres occidentales.

Por ejemplo, bañarse en el Ganges para depurar cuerpo y alma, no parece demasiado recomendable, porque hace décadas que el Ganges, más que aguas depurativas, está lleno de suciedad, cadáveres y heces fecales, entre otras cosas, pero los hindúes siguen haciendo peregrinaciones para sumergirse en sus aguas.

Que la esposa comparta la pira funeraria con el marido muerto recientemente, clama al cielo para los occidentales, y aunque su práctica en la actualidad es muy reducida, aparece de vez en cuando y se hace noticia mundial, porque en Occidente no se entiende, ni se quiere entender, que una esposa decida acabar con su vida y acompañar a su esposo al más allá cuando este fallece.

Que se aborten niñas porque sale muy caro tenerlas, mantenerlas, educarlas y casarlas en una sociedad eminentemente machista como lo es la hindú, donde una mujer, para acceder al matrimonio, tiene que dar una generosa dote al novio consorte y a la familia de este. Si después la ha de mantener el esposo, cuidarla, protegerla, alimentarla y darle hogar, no importa, lo que importa negativamente es que la novia tenga que pagar para casarse.

Rito matrimonial hindú

Por supuesto, los matrimonios en la India siguen vigentes, donde los hombres son ligeramente más demográficamente que las mujeres, y sus formas y costumbres, a menudo solo virtuales y con bisutería barata en lugar de oro, también.

Cómo no habrían de casarse los hindús si hasta los mismos devas de su devoción se casan y se casaban.

Algunos tan románticamente como Sita y Rama, con drama, celos, lucha y final feliz; y otros tan liberalmente como Shiva y Parvati, donde la mujer nada tiene de sumisa y es bastante exigente con su marido, por divinidad que este sea.

La India se ha occidentalizado mucho, para algunos, pero no lo suficiente, para otros. Su cultura ancestral sigue vigente incluso entre los brahmanes modernos y casi del todo occidentalizados, junto con la riqueza de sus creencias míticas que constituyen la base y el fundamento de la mitología hindú.

VIII

Jainismo:
Por un espíritu sin dioses

Todos los dioses son ilusión:
Maya,
y deseos de fácil fortuna:
Ganesha;
para nada el Brahma
trinitario que a nadie libera.

Mahavira

¿Una sociedad sin dioses?

¿Un lugar en el mundo sin mitos ni supersticiones?

¿Un sitio en el planeta donde la espiritualidad, si es que esta existe realmente sea responsabilidad única e intransferible de todos y cada uno de los seres humanos, y no de divinidades o amigos imaginarios e invisibles?

Mahavira, a través del jainismo, así lo pretendía.

"Despertar de verdad es darse cuenta de que los dioses no existen", diría el gurú lúcido e iluminado.

"Las religiones son el opio del pueblo", aseguraría Karl Marx.

"Los dioses son para los ignorantes y los estúpidos", frase tanto de Aristóteles, como de Schopenhauer y de Voltaire.

¿Las religiones son una necesidad de la humanidad, o son simplemente un negocio de contención social que paga, con dinero y con sumisión, el fiel adoctrinado?

Desde la más tierna infancia cada infante es adoctrinado deliberadamente, o no, por sus padres, hermanos, familia en general, entorno, escuela, espacio público y espacio privado, y en ese adoctrinamiento surge siempre la figura de los dioses, devas, vírgenes, santos, santones o lo que sea, pero seres superiores al fin y al cabo, que castigan el mal comportamiento e incitan a la guerra, y que prometen, o no, salvaciones y redenciones espirituales, dejando grabado a sangre y fuego en la mente del niño una serie de absurdas creencias.

"Es bueno para que los niños se porten bien y mantengan la ilusión", dirían las madres, que no aceptan otro argumento que el religioso, aunque en realidad mentir a los niños no los hace mejores, sino más ignorantes y dependientes.

Mahavira, divino sin querer serlo

Se supone que Mahavira nació en el 540 antes de nuestra era, y que murió en el 486, aunque para algunos autores, e igual que Buda, es más un personaje que una persona de carne y hueso.

Para algunos es el fundador del jainismo, pero para otros el jainismo es anterior a los Vedas, en una santa y sana época sin dioses.

El espíritu en el jainismo

Hay una vieja discusión filosófica dentro del jainismo (y de otros pensamientos) sobre lo que es el alma y lo que es el espíritu.

Para unos el alma es simplemente lo que nos anima, como a cualquier ser vivo, como los sentimientos, las emociones, las pulsiones y hasta la misma devoción, por lo que no es precisamente el espíritu, pues el espíritu es en realidad una cualidad de abstracción y elevación superior que está por encima del cuerpo, el pensamiento y el sentimiento, es decir, por encima de lo físico, la mente y el alma.

El espíritu no tiene ataduras, es libre.

El espíritu no tiene moral ni interés alguno por todo aquello que consideramos bueno o malo, funcional o no funcional, amable o desagradable, porque el espíritu simplemente es y no está supeditado a este mundo de ninguna manera.

La salud del cuerpo es buena para el cuerpo, no para el espíritu.

La lucidez mental es buena para el pensamiento, no para el espíritu.

परस्परोपग्रहो जीवानाम्

Mano Jaina, símbolo del jainismo

La estabilidad emocional es buena para el equilibrio interno, pero no para el espíritu, porque el espíritu está por encima y trasciende todas las cosas.

Por eso en el jainismo es buena la sabiduría, la salud de cuerpo, mente y alma, pero no son el espíritu propiamente dicho.

El jainismo no desprecia materia ni ciencias, y considera que todos los seres vivos tienen alma, incluso los humanos, pero al espíritu le tiene sin cuidado lo que sabes, crees o entiendes de esta vida, porque está a otro nivel.

En el jainismo no hay dioses, pero sí seres ilumi-
nados que han alcanzado un real y verdadero estado
espiritual (*siddha*), y a ellos se les venera casi de la
misma manera que el hinduismo venera a los devas,
como al mismo Mahavira, por más que el renegara de
dicha admiración, por ser un privilegio inmerecido.

LOS PRIVILEGIOS DEL JAINISMO

El jainismo no reconoce ni a los dioses, ni a los vedas, ni los textos clásicos en cuanto a proselitismo religioso o adoctrinamiento teísta, aunque sí respeta lo
que de científico puedan tener algunos de ellos.

Eso sí, el jainismo reconoce los privilegios de clase
o de intelectualidad, incluso los físicos como la salud,
la longevidad y la belleza.

Sus más de cuatro millones de seguidores en la
India pertenecen a la clase brahmánica, aunque no
sean brahmanes ni creyentes del hinduismo, y son los
más educados tanto social como académicamente, e
incluso los más estéticos, y no es porque practiquen
la eugenesia, sino porque llevan casi tres mil años entrenado las cuatro virtudes jainistas:

-La no violencia, con la paz y la solidaridad adosa-
das. No a la guerra, cualquiera que sea y por los motivos que sea. No al conflicto ni al enfrentamiento, se
crea tener o no razón en un planteamiento. No a la
ira y contención de las emociones, sobre todo las negativas. Por supuesto, no traicionar, no buscar la venganza y no hacer daño a nada ni a nadie de una forma

deliberada. Incluso un accidente o un incidente no buscado se considera una debilidad del alma.

-La sinceridad, no mentir nunca jamás, decir lo que se piensa firmemente sin importar si escandaliza o molesta. La verdad por encima de todas las cosas, aunque vaya contracorriente o rompa con las creencias mayoritarias. Pensar, reflexionar, analizar y meditar antes de hablar. Hablar solo de lo que se sabe y se conoce real y profundamente. No decir nada que no sea la verdad, aunque no le convenga a los demás o a uno mismo. No opinar ni decir nada de lo que no se te pida. Por supuesto, rectificar cuando se esté equivocado y aplicar la verdad siempre a uno mismo. Reconocer siempre los errores y defectos propios, y hacer lo necesario para mejorar y superarlos. Ser vencedor de los propios demonios y temores. Explicar, pero no imponer, y no juzgar a nadie porque cada quien elige libremente el sendero de su vida.

-La rectitud, o actuar siempre con espíritu y consciencia, y no solo con el alma y la conciencia, porque las emociones y la moral pueden ser y estar equivocadas, y a menudo solo responden a la cultura de uno u otro pueblo. Respetar a los demás como a uno mismo. No robar, no defraudar, no abusar ni aprovecharse de los demás o de las circunstancias. No medrar sobre nada ni sobre nadie. Ser congruente de pensamiento, sentimiento, obra y acto, siempre y en toda circunstancia. Respetar los contratos y la palabra dada. No desear el mal a nadie, y mantenerse firme ante cualquier circunstancia por negativa o positiva que esta sea.

-La renuncia a las cosas y a las personas, porque se sabe que en este mundo solo estamos de paso. Por supuesto, para renunciar a las riquezas antes hay que tenerlas, y para no depender de los afectos antes hay que sentirlos, cultivarlos y respetarlos. Se puede amar intensamente sin que ello se convierta en una dependencia o atadura. Quien nada tiene, no puede renunciar a nada. Los amigos deben quedar atrás, lo mismo que los hijos, las madres, las esposas, las amantes y hasta las mascotas, renunciando a los afectos que nos unen a ellos, más no al afecto en sí ni al amor que se lleva dentro, que es algo muy natural, lo mismo que el odio o la aversión, a los que también hay que renunciar pues son lazos tan potentes como una montaña de oro. Sí, también se debe renunciar al odio, a la aversión y al desprecio que se pueda sentir por la humanidad, por una situación en particular o por el mundo entero para alcanzar la espiritualidad donde nada está bien ni está mal, porque todo fluye de acuerdo a la naturaleza del universo.

Todos los jainistas deben ser fieles y leales a estos cuatro preceptos, aunque los monjes, que no son sacerdotes pero que se retiran de la vida mundana en sus monasterios, están obligados a cumplirlos con más celo, para lograr una verdadera elevación y liberación espiritual.

La diferencia con el budismo es que el jainismo

no ofrece un Nirvana por el buen comportamiento, ya que el universo no tiene en cuenta eso que nosotros llamamos bien o mal, correcto o incorrecto, y se elevará espiritualmente no solo el bueno o el malo, sino aquél que renuncie a lo material y cumpla con los preceptos que le marque su propia consciencia, porque los que marca el jainismo son solo ejemplos que se pueden seguir o no seguir, pero no obligaciones ineludibles que sirven para premiar o para castigar a los seres humanos.

El sijismo se parece al jainismo en muchos aspectos, pero sin practicar el ateísmo, porque para el sijismo sí hay dios, y es uno, único, todopoderoso y verdadero.

Los tirthankaras que alcanzaron la liberación espiritual

El jainismo se ufana de no enseñar con la mentira ni la ilusión divina, y ni siquiera con la simple palabra, sino con el ejemplo de sus fieles y, sobre todo de sus *tirthankaras*, que ya han alcanzado la liberación espiritual sin la necesidad de una trinidad celestial que los favorezca.

Los monjes jainistas aspiran a ser *tirthankaras*, seres humanos elevados que han alcanzado la liberación espiritual, pero que no liberan ni redimen a nadie de forma milagrosa, ni hacen favores ni otorgan dones a nadie, simplemente dan ejemplo con sus vidas para que todo jainista sepa que se puede alcanzar por méritos propios lo que otras religiones ofrecen como una dádiva o un proceso divino del azar.

JAINISMO, REENCARNACIÓN Y COSMOGONÍA

En el jainismo se da por hecho el Samsara, o Rueda de las Reencarnaciones, con la acumulación de karma vida tras vida, y el dharma, la obligación espiritual, para compensarlo a través de la experiencia y el aprendizaje.

Como en el hinduismo, los seres humanos son jivas, manifestaciones del ser que va de la condición espiritual a la existencia encarnada, y de la, o de las experiencias encarnadas a la condición de espiritualidad, pero ello no significa que hayan sido creados por un deva, ni que un deva tenga que pastorearlos para que se porten bien, porque el jiva y su encarnación son responsabilidad exclusiva de la persona y de nadie más, y a cada uno puede gustarle o satisfacerle más estar perpetuamente reencarnándose, que buscar moksa, o la liberación espiritual.

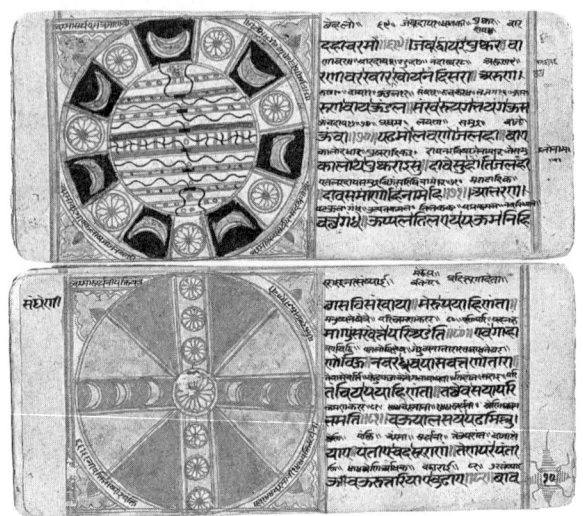

La cosmogonía jainista

El universo mismo no es una creación divina en el jainismo.

El universo siempre ha existido sin la necesidad de intervención divina.

Siempre ha estado ahí y lo seguirá estando.

Puede sufrir cambios y transformaciones, por supuesto, pero es eterno.

No hace falta que nadie cuide de las estrellas ni de los planetas, porque el universo se basta y sobra a sí mismo para ordenarse y reordenarse. Además, los supuestos dioses que lo cuidan y lo gobiernan han demostrado una gran ignorancia en cuanto a su tamaño y a su funcionamiento.

Las supuestas divinidades ni siquiera saben cómo

funciona este planeta ni cómo se maneja el ser humano en las diferentes latitudes del mundo.

Por tanto, en un principio ya había lo que hay hoy, en potencia o en estado latente, sin los humanos y sin el resto de los seres vivos, pero ya estaba ahí, hermoso e imponente, eterno y trascendente por sí mismo, observando las diferentes manifestaciones de la vida (*jiva*) y de la no vida (*pudgaya*), y seguirá ahí cuando todos los seres vivos vuelvan a su condición espiritual y el mismo universo pase por otro ciclo y sufra una nueva transformación.

El universo no necesita de los dioses para ser y estar, para permanecer ni para transformarse, que no sepamos cómo lo hace no quiere decir que se mueva gracias a dios.

AYUNO Y MORTIFICACIÓN

Uno de los mitos recurrentes en la mitología hindú son los monjes y santones de sus diversas creencias y religiones que lo abandonan todo para vivir una vida ascética llena de penalidades y hambre.

Tienen prohibido trabajar.

Deben vivir exclusivamente de las limosnas, y mejor si éstas son en especie pues detestan el dinero que deben tirar o regalar a otros si es excesivo o innecesario.

No deben ni pueden acumular absolutamente nada.

Solo una túnica para el frio y un taparrabo cuando hace calor. El turbante es opcional y a menudo símbolo de la secta a la que pertenecen.

Las sandalias, cuando se tienen, deben ser humildes.

Algunos portan amuletos de bienaventuranza.

Comen lo que les dan, pero evitan la carne y prefieren los vegetales. Los más radicales son del todo veganos y no aceptan de nadie comida que no sea vegana.

El ayuno es obligado, es decir, hay días y horas específicas en las que no comen absolutamente nada por mucha hambre que tengan.

Deben mortificar al cuerpo, ya sea haciéndose daño o pasando exceso de frío y de calor, hasta que dominen sus sensaciones.

Los faquires, que se hacen cortes o se clavan agujas, que se dejan golpear en sus zonas más sensibles, o que permiten que los piquen los insectos o los muerdan las serpientes, son los que más mortifican su organismo.

Entre los monjes jainistas estas prácticas son habituales y hasta obligatorias, porque creen que de esta manera depuran su karma y cumplen con el dharma, algo del todo necesario para alcanzar la moksa o liberación espiritual.

Renunciar a todo, a absolutamente todo, dejar atrás los bienes materiales y los lazos sentimentales, superar la vanidad y el ego, desterrar el deseo de posesión de todo tipo, dominar las sensaciones del cuerpo, triunfar sobre sí mismos alejándose del sistema opresivo y tentador del mundo.

Los fieles jainistas aspiran a ello, aunque no todos son capaces de lograrlo, por lo menos en la vida presente, por lo que se preparan para la próxima reencarnación.

Faquir mortificando su cuerpo

No faltan los pícaros, y en la India abundan, que se fingen faquires o monjes de cualquier secta o creencia, para pedir limosna y vivir sin el oprobio del trabajo, la sumisión y la obediencia.

Existen bandas de supuestos santones, así como existen bandas de limosneros, algunos de ellos con automutilaciones para causar más lástima y ganar más dinero, que van desde cortarse una mano, una pierna o sacarse uno o dos ojos para quedar tuertos o ciegos.

A los intocables a veces les es suficiente con pertenecer a la casta más baja para que los turistas y las clases más privilegiadas los tomen por limosneros. Algunos lo aprovechan, pero otros, hinduistas convencidos, prefieren trabajar a pesar de que sus salarios no alcanzan para nada, y de que ganarían mucho más como limosneros.

Entre los jainistas no parece haber parias ni intocables, ni tampoco limosneros profesionales, si bien la vida monacal que algunos se autoimponen es muy parecida y hasta dependiente de las aportaciones de otros miembros.

Se puede empezar a cualquier edad, tanto para ser santón pedigüeño como para ser limosnero, o para recluirse en un monasterio jainista renunciando a todo lo que ofrece el mundo externo, por lo que hay niños, jóvenes, maduros y ancianos que optan por un estilo de vida diferente, unos por necesidad física y otros por necesidad espiritual sin tener que trabajar, aunque, obviamente, el pedir limosna todo el día puede ser un trabajo mucho más indigno y más duro que labrar la tierra o coser ropa, o servir en casa de un jefe de gobierno.

El jainismo dice que todos, equivocados o no, merecen el mismo respeto, porque todos y cada uno de nosotros somos los responsables y artífices de nuestra vida presente y del buen o mal karma que acumulemos para las vidas futuras.

La aspiración espiritual es una opción de existencia, no una obligación, porque al final de los tiempos o cambio de ciclo universal, todo se organiza por sí mismo y de forma natural sin necesidad de dioses ni de creencias.

JAINISMO Y RELATIVISMO

Como si se tratara de una ciencia social o de física cuántica, el jainismo desde hace más de dos mil quinientos años aboga por el relativismo, es decir, por la idea de que todos los sucesos, fenómenos y convenciones con respecto a las artes, las ciencias y el comportamiento humano son relativas a su contexto, y no tienen que ser idénticas ni universales en todos lados.

Nadie está en lo correcto ni en lo incorrecto más allá de sus fronteras, sus sistemas y sus creencias.

La belleza es relativa a la cultura, no a la estética que se piensa universal. Lo que es feo y desagradable para unos, es bello y agradable para otros.

La vida misma es contextual, por eso fracasan los que quieren encontrar vida terrestre en otro planeta, porque lo extraterrestre no es lo terrestre, y la vida y la inteligencia que se han desarrollado en este planeta no tienen por qué parecerse, ni de lejos, a las formas de vida o inteligencia que puedan desarrollarse, o no, en otros planetas.

Los átomos, nos dice el jainismo, también son relativos con respecto a su tamaño, masa, energía y manifestación, no todos son del mismo tamaño ni todos cumplen las mismas funciones, todo su comportamiento es relativo a su desarrollo y al observador.

Es por eso que no hay bien ni mal más allá de un sistema, una cultura o un conjunto de creencias que llamamos religión.

Cada sistema tiene sus leyes, sus normas y sus creencias, y es bueno vivir de acorde a ellas para evitar conflictos, sobre todo si en ese sistema hay restricciones de pensamiento e ir contracorriente puede costar la vida.

Por supuesto que hay denominadores comunes, nos dice el jainismo, como que todos los seres humanos son animales que comen, duermen, respiran, piensan, sienten y tienen sueños, deseos y aspiraciones, así como "defectos" emocionales como el odio, la ira, los celos y el hambre, sí, el hambre, y no solo el hambre de alimentos, sino el hambre de triunfo, de poder, de conquista y hasta de asesinato; pero fuera de estos denominadores comunes que compartimos con otros animales y fieras de la naturaleza, la forma en que los abordamos y los valores positivos o negativos que les damos son del todo interesados y culturales.

De esta manera, el sexo es un tabú y un pecado en muchas regiones, y un verdadero placer y hasta una forma de alcanzar la espiritualidad en otras.

Nadie tiene realmente la razón, porque dentro de su propio sistema todos parecen tenerla, lo que tienen es funcionalidad y una forma de abordar los temas relativo a sus necesidades, intereses y creencias.

Todo es relativo y se ejerce, aunque cueste la muerte, porque si hay algo universal entre los humanos y muchos seres vivos, es la necedad, que, junto con la ignorancia propia, o ajena, obliga a una sociedad a ir en contra incluso de su propia naturaleza, y a pensar que debe imponer sus valores, sesgados o no, a otros seres, a otras culturas y a otras conciencias, que no consciencias.

El jainismo propone, no impone, y defiende intelectualmente el relativismo bien entendido desde hace más de veinte siglos, adelantándose a físicos y teóricos sociales, que hoy en día siguen discutiendo y, algunos, rasgándose las vestiduras al enfrentarse al relativismo que deja fuera de lugar y de la inteligencia a sus creencias, tanto científicas como religiosas.

Por supuesto, el jainismo desde hace siglos propone que, de la ecuación de la ciencia, para que sea realmente ciencia, se debe quitar la variable "dios", y así teorías tan absurdas como son la creación del mundo, la aparición de los seres humanos en este planeta, o el teocrático Big Bang, darían lugar a proposiciones más cercanas a la verdad y más lejos de las creencias.

Toda creencia, por definición etimológica, es falsa, pues no es realidad, es creencia, aunque, siguiendo el relativismo jainista, para un grupo social puede parecer del todo verdadera, aunque esa verdad mine al cerebro y amenace la existencia propia o ajena, cuyo valor más esencial, la vida, también es falible, inflado, interesado y relativo.

Curiosamente, bajo estas premisas, el jainismo es más mítico, utópico, legendario y fantástico que otras leyendas increíbles de la mitología hindú, porque vivir libremente y en consciencia parece que no es muy deseable ni popular para el grueso de la humanidad que prefiere las cadenas de los amos y los dioses, lo aparentemente determinista y estable, a lo que se transforma y no sigue las leyes clásicas del estatismo.

Las mismas partículas subatómicas a menudo tienen comportamientos evolutivos que van en contra de lo cuadrado, lo repetitivo y lo aparentemente estable, sin necesidad de que Brahma o Shiva las modelen.

El jainismo parece así adelantarse en el tiempo y el espacio a la sociología y a la física cuántica.

Aceptar los cambios y las transformaciones espontáneas del universo sin intervención divina, y decir siempre la verdad cueste lo que cueste, duela a quien le duela, y sabiendo que no va a ser bien aceptada por el sistema ni por los demás, es un principio irrenunciable para el jainismo.

IX

BUDISMO:
CAMINO DEL NIRVANA

-Maestro,
¿qué camino debo seguir?
-El de tus propios pasos,
ellos conocen el sendero.

BUDA

Buda, el Despierto, es más un título que una persona, por lo que el Bodhi Dharma, el despierto espiritual, puede ser cualquier persona que alcance la iluminación espiritual a través de la sabiduría o de la experiencia.

Mitológicamente hablando y para muchos seguidores del budismo, el Buda es uno, si bien, puede manifestarse en diferentes cuerpos y seres, avatares y encarnaciones, como Amithaba, el Buda de los monjes Shaolin, guerrero milagroso y de paz que no ataca, pero se defiende, pues conoce y domina todas las artes marciales habidas y por haber; o Siddhartha Gautama, el príncipe que renuncia a todo y emprende el camino ascético recreado por Herman Hesse en su famosa novela; e incluso el Dalay Lama, o cualquier otro Lama, reencarnación tras reencarnación y vida tras vida, hasta ver la espalda del último hombre dirigirse al Nirvana.

Históricamente, se le sitúa en el siglo V antes de nuestra era, coetáneo de Mahavira, el otro despierto y fundador del jainismo, por lo que no falta quien suponga que Mahavira y Buda son el mismo, y que la fábula histórica ha convertido en dos lo que debería ser único.

Mahavira parece ser más real, históricamente hablando, que Buda, pero ambos provienen de buena familia, donde, curiosamente, el padre de Mahavira se llama Siddhartha, aunque no Gautama, lo que eleva las interpretaciones de que Buda fue el padre de Mahavira, que en lugar de fundar el budismo se fue por el camino del jainismo, total, ambas proposiciones religiosas no se alejan mucho del Hinduismo más tradicional, aunque destierran a los dioses que le han dado fama.

Efectivamente, el budismo es una religión no teísta, es decir, sin dios ni dioses que salven o rediman a la humanidad, que como sus coetáneas promete la liberación espiritual, que ya no es el moksa, sino el Nirvana, y la liberación de Samsara, o Rueda de las Reencarnaciones, para dejar de sufrir (*dukkha*) tanto nacimiento, tanta muerte y tanta y dolorosa experiencia vital.

DEJAR DE SUFRIR

Como en el posterior catolicismo, para el budismo este mundo es un "valle de lágrimas", sobre todo para la inmensa mayoría de la humanidad y más para los que viven, como en la India actual y milenaria, por debajo del umbral de la pobreza, que pocos apegos tienen a los que renunciar, aunque sí muchos deseos de comer el día presente.

El Buda que no sufre

"Deja de desear y dejarás de sufrir", nos dice Buda, lo que está muy bien para las clases elevadas y medias, pero no tanto para las clases bajas, donde incluso apartando el deseo, la presencia de la infelicidad, la enfermedad, la miseria y el hambre atraen todo tipo de sufrimientos.

EN EL BUDISMO CABEN TODOS

Paradójicamente, la mayoría de los seguidores del budismo corresponde a las clases medias y bajas, entre otras cosas, porque una cosa es la disciplina budista y otra muy distinta el budismo popular, donde Buda promete la felicidad y la abundancia con el simple hecho de poseer una figurita que le represente.

Buda abre las puertas del Nirvana para todos

Sí, más allá del budismo, Buda es todo un talismán de la buena suerte venerado por 535 millones de personas en todo el mundo de manera más o menos formal, porque el Budismo no exige fidelidad exclusiva a sus correligionarios, es decir, como los masones, el budismo acepta a todos los creyentes del mundo, crean lo que crean, a pesar de señalar constantemente que no existe ningún dios más allá de la imaginación y la ilusión de las personas.

El budismo, que nace en el norte de la India, se hizo más popular en el resto de Asia que en la propia India, donde a Buda se le considera un ser divino y no solo un hombre o un personaje, un mesías que abre las puertas del Nirvana para todos y cada uno de los seres vivos que alcancen la evolución espiritual, de manera independiente a su comportamiento en este mundo, por lo que tanto un paria como un brahman, un criminal como un héroe, un ladrón como un gobernante, son firmes candidatos para lograr la liberación de la Rueda de las Reencarnaciones.

LOS MIL BUDAS

Muchas son las sectas, escuelas y religiones budistas, aunque solo unas pocas son las más conocidas y publicitadas:

-Mahayana (o Hanayama), el gran movimiento, que se sigue principalmente en Asia Oriental.

-Hinayama, o pequeño movimiento, que se sigue y practica en el Tíbet y parte norte de la India.

-Budismo Zen, que se practica principalmente en China y en Japón.

De estas tres se desprenden muchas más, con sus propios monasterios, monjes y lamas, algunas del todo ateas, pero otras con cientos de dioses y de demonios que nada tienen que ver con el budismo más antiguo y tradicional.

Unas contemplan a Buda como un verdadero iluminado, casi un deva, mientras que otras lo consideran simplemente un "despierto" que sigue reencarnándose para guiar a la humanidad hacia el Nirvana.

Algunas sectas, como la de la Tierra Pura del este de Asia, adoran a Amitabha (el Buda de las mil reencarnaciones), donde lo tienen como un héroe, además de un iluminado, que hace milagros, otorga dones y cumple deseos, tanto es así, que se lo pelean en China, Corea y Japón.

La mayoría de las ramas del budismo señala cuatro preceptos tradicionales y comunes al jainismo:

Amitabha, el Buda de las mil reencarnaciones

-No matar a ningún ser, por pequeño o grande que este sea, porque todos los seres vivos son hermanos en el camino de la evolución espiritual.

-No tomar lo que no me pertenece, ni siquiera agua. Se puede pedir humildemente, pero nunca tomar lo que no es de uno, tomando en cuenta que lo único que pertenece al ser es la vida y el tiempo que pasa en ella, nada más.

-No tener una conducta sexual dañina, no abusar ni seducir ni obligar a nadie para satisfacer la propia lujuria o deseo de posesión carnal. La castidad estricta es para algunos monjes, que incluso deben guardar el celibato, no para todo el mundo que puede y debe tener una conducta sexual consentida por ambas partes, sana, reproductiva y segura. En este sentido, incluso la prostitución está permitida para los seglares.

-No decir mentiras, no engañar, no defraudar, no impostar, no calumniar, no juzgar, no decir lo que no se sabe, no exagerar, no falsear, no hablar mal de nadie, no hablar de más y apegarse siempre al principio de la verdad.

-No consumir bebidas o sustancias que conduzcan a la falta de una atención consciente y permanente, ni siquiera alimentos que alteren el conocimiento, la conducta o la claridad mental. Nada demasiado dulce, demasiado salado o demasiado especiado, y, por supuesto, preferir los vegetales, las frutas y las legumbres, a la carne.

Hay preceptos en una que otra escuela budista, que van más allá de lo simple, básico y tradicional:

-Abstenerse del sexo, las pasiones, la lujuria, el deseo y la posesión.

-Abstenerse de comer fuera de un horario determinado, abstenerse de glotonería y respetar los ayunos.

-Abstenerse de joyas, perfumes, maquillajes y ropajes suntuosos, mantener la humildad y superar el ego y la vanidad.

-Abstenerse de dormir en una cama alta, en una cama mullida o en una cama demasiado cómoda o suntuosa. Preferir una estera en suelo firme.

Estos cuatro últimos preceptos, sobre todo el cuarto, son seguidos casi al pie de la letra en buena parte de Asia e India, incluso si no los prescribe una autoridad budista, pero se rompen fácilmente en los días de celebración, fiesta o boda.

Por supuesto, los monjes budistas están obligados a cumplir estos preceptos y muchos más, so pena de ser expulsados de la orden y del monasterio.

Las reencarnaciones, supuestas o reales, de lamas ya fallecidos, tienen sus privilegios y pueden saltarse las normas, incluso huir del monasterio sin que recaiga en ellos pena alguna, sino todo lo contrario, siempre serán esperados y bien recibidos por sus correligionarios.

El Valle de Lágrimas

Todas las escuelas y doctrinas budistas comparten, por otra parte, cuatro fundamentos para llegar al Nirvana, en la inteligencia que esta vida es un cúmulo de dramas y sufrimientos.

-Reconocer que en esta vida se sufre de diferentes y múltiples carencias, tanto si eres rico como si eres pobre, y que debe haber un camino para superarlas.

-Reconocer la o las causas de los sufrimientos, las decepciones, los celos, la posesión, el ego, la vanidad, el miedo a lo externo, el temor interno, el odio, la ira, la impaciencia y muchos más que se producen casi siempre por la insatisfacción o vacío que llevamos dentro. Nadie en este mundo está completo, nadie es del todo libre o independiente, nadie tiene todo lo que quiere ni nadie cumple todos sus deseos, por eso hay que reconocer que la causa principal del sufrimiento son los deseos más que las posesiones.

-Entender que, si se extingue la causa, es muy probable que se extinga el sufrimiento y se pueda tomar rumbo al Nirvana, donde todos los sufrimientos y apegos desaparecen para siempre. No hay que confundir el anhelo del Nirvana, con el deseo del Nirvana, porque el Nirvana es un estado al que se llega, pero que no se puede poseer. Quien desea el Nirvana, por elevada que sea su condición espiritual, cae en contradicción y sufre por no conseguirlo, con lo que, en lugar de evolucionar, involuciona irremediablemente.

-Saber que hay por lo menos ocho caminos para llegar al estado del Nirvana: uno, seguir el camino del medio evitando siempre los excesos y los extremos; dos, sabiduría, conocimiento, lucidez, entendimiento, estudiando, discurriendo y ejercitando el pensamiento para que este sea correcto; tres, ética, es decir, la moral correcta y razonada, aplicada más a uno mismo y sus actos, que a los demás, aunque siempre se debe dar ejemplo; cuatro, meditación, introspección, análisis y desprendimiento; cinco, entrenamiento continuo, diario y perpetuo mientras se esté con vida, repitiendo los actos correctos a cada hora y minuto del día; seis, atención, mantenerse alerta, no distraerse mental, física o anímicamente, para evitar torpezas, accidentes o tentaciones que desvíen del camino hacia el Nirvana; siete, consciencia de que se vive un eterno presente, que todo es hoy, que todo es ahora, que todo lugar es aquí, y que en realidad no hay nada más que este preciso instante de la existencia; y ocho, lucidez, es decir, disciplina y método para eliminar la ignorancia que pueden padecer incluso los sabios maestros, pues la lucidez es la comprensión holística del todo, y no solo el conocimiento de una o varias ramas de las artes y las ciencias.

En el budismo zen la lucidez puede venir en cualquier momento, pero hay que estar atentos para reconocerla, apreciarla y no dejarla ir, a pesar de que a menudo esa misma lucidez nos aparta del mundo entero, de sus emociones, de sus pensamientos y de sus acciones.

Se cuenta y se dice que por eso Buda le dijo a uno de sus discípulos: "¡Que la lucidez te llegue en el último segundo de tu vida!, porque si te llega antes puede convertirse en un peso difícil de sobrellevar".

¿Pensar duele?

¿Darse cuenta de la verdad es una carga difícil de soportar?

¿Saber hiere al alma?

¿Conocer y ser consciente de lo que se conoce es un sendero de sufrimiento?

No necesariamente, porque la lucidez misma impediría a la mente consciente, atenta y pensante a reírse de estas amenazas de sufrimiento por saber que las cosas son como son y no como se las inventa el poder para marcarlas a sangre y fuego en el alma y la mente de los ignorantes, de los creyentes y del pueblo bueno y obediente en general, pero el budismo considera que sí, y que hay que sufrir y aceptar que se sufre para superar el sufrimiento.

Son muy pocos, pero la verdad es que sí hay seres y personas que nacen, crecen, se reproducen, viven y mueren sin malestar, pena o sufrimiento alguno, sin karma qué depurar ni dharma qué cumplir para lograrlo. La mitología hindú está llena de pachás, rajás y devas que han vivido existencias plenas, felices y sabias, sin el menor atisbo de sufrimiento.

El karma budista

Para casi todas las doctrinas budistas hay que hacer lo correcto, e incluso lo perfecto, para acumular un karma brillante, ascendente y evolutivo, algo que muy pocos seres vivos son capaces de lograr, tanto por sus condiciones y limitaciones personales, como por el entorno en el que les ha tocado nacer o renacer.

No es lo mismo ser, nacer y renacer paria en un basurero de Bangladés, que ser, nacer o renacer como un potentado rajá en un palacio de Nueva Delhi.

El mismo Siddhartha Gautama, el supuesto primer Buda, es un príncipe de muy buena familia, y no un desarrapado paria que tiene que pedir limosna para sobrevivir, por lo que ya parte con una serie de privilegios para buscar la elevación, el despertar espiritual y el Nirvana, pues los karmas que tenía acumulados de vidas pasadas, eran ascendentes y brillantes.

Quizá los miles de millones de parias que hay en el mundo están en situación de miseria, hambre, suciedad y pobreza porque en sus vidas pasadas han acumulado karma descendente, involutivo, oscuro y negro del todo, y seguramente en esta vida no les alcanzará el tiempo, el ánimo, la espiritualidad y el cumplimiento con el dharma religioso, ya no para alcanzar el Nirvana, sino para reencarnarse en una próxima vida menos miserable y vulnerable.

Karma brillante para los que van camino del Nirvana.

Karma negro para los que van camino del infierno que puede ser esta vida, pues su única posibilidad es la involución y el descenso.

Pero también, según el budismo, hay un karma negro y brillante, por cuestiones del entorno y de la vida misma, que parte de lo oscuro pero que tiene posibilidades de mejorar y depurarse, gracias al dharma, como si de una redención se tratara.

Queda el karma brillante y negro, que puede mover tanto a la mediocridad y a la repetición casi infinita de la misma vida, como a la involución.

"Cuatro karmas son los que enfrenta el ser humano, para acercarse o para alejarse del Nirvana", le diría Krishna a Arjuna, "procura elegir el que más brilla".

REPETIR LA MISMA VIDA

Dentro de la mitología hindú más emparentada con el budismo, existe la teoría de que se puede repetir una misma vida varias veces, hasta que se logre vivirla correcta o perfectamente, haciendo lo que se debe de hacer, sin fallos ni errores, desterrando el sufrimiento a través de la experiencia y la repetición, en una especie de disciplina y ejercicio vital y espiritual.

Incluso se puede repetir un mismo día, una y otra vez, hasta que se haga lo que se debe hacer, mejorando lo anteriormente hecho.

La famosas sensación de "deja vu", o ya lo viví que experimentan muchas personas, puede ser señal inequívoca de que repetimos vida o experiencia vital.

También está el "ya lo soñé, y sabía perfectamente lo que se iba a decir o a pasar después", porque quizá el karma está avisando a la persona para que tome mejores decisiones ante la claridad de los hechos.

Para lograr la limpieza de los karmas negros y negativos, se puede incluso morir y renacer en la misma vida, que se interrumpe un instante por una de las muertes que se van a experimentar, para "renacer" o seguir en la misma línea vital una vez pasado ese instante.

Hay quien muere varias veces en una misma vida sin darse cuenta de ello, por lo que no logra depurar karma tras cada pequeña muerte; pero hay quien llega a darse cuenta de que ha muerto y que, sin embargo, sigue vivo en la misma vida, y a partir de dicha iluminación (epifanía) cambia su forma de ser y de estar en este mundo, para caminar por el sendero correcto y limpiar así los karmas negativos que llevaba a cuestas.

"Atención y consciencia", nos dice el budismo, para ver claramente que la vida es más rica y compleja de lo que parece

Vidas oníricas y paralelas

Otra de las ideas de la mitología hindú es que se puede llevar en esta misma existencia diversas vidas paralelas, o incluso algunas que llegan a tocarse en algún punto, por lo que más que paralelas son convergentes.

El mundo de los sueños, dominado tradicionalmente por Visnú y por Shakti, ofrece diversas posibilidades y diversas experiencias vitales, donde el ser puede cambiar de aspecto físico, incluso de género, y llevar de noche una o varias vidas, y de día la vida en que estamos más o menos conscientes.

Pero, ¿cuál es el sueño?

¿El que experimentamos de día, o el que experimentamos de noche?

La diferencia radica muchas veces en el tiempo, mucho más constante en las experiencias vitales de día, que en las experiencias vitales oníricas o de noche, donde el tiempo transcurre arbitrariamente, y se puede vivir una vida completa, con nacimiento, desarrollo y muerte en un lapso de sueño de cinco minutos, o de toda la noche; o experimentar un sueño muy corto tras haber dormido doce horas seguidas.

Por supuesto, hay sueños que en nada se parecen a una experiencia vital como la conocemos y que pronto se olvidan y desvanecen, pero hay otros muy vívidos, palpables y sensibles que nos abren las puertas del pasado, el futuro y el presente, y que recordamos durante largos periodos de tiempo.

La muerte misma, según Schopenhauer, no es otra cosa que un largo sueño, o "el sueño es un adelanto de la muerte", por lo que quizá la verdadera vida está en el mundo de los sueños, y lo que consideramos real no es más que Maya, una ilusión temporal de la que nos despertaremos tarde o temprano.

MITOLOGÍA HINDÚ Y BUDISMO

La mitología hindú está llena de los dioses del hinduismo por mucho que no se crea en ellos.

La mitología hindú es rica en mitos y leyendas sobre Buda, tanto en forma de crítica y de humor, como tomándoselo muy en serio.

La mitología China carga con muchos de sus demonios, inexistentes antes de aparecer el budismo por el extremo Oriente; demonios que nacen en el norte de la India y se recrean en el Tíbet; e infiernos extraños e inextinguibles, que para nada existen ni existieron en la tradición budista.

En cierta forma, toda religión y movimiento místico, mítico o esotérico, es mitología en sí misma, pues nace más de la devoción y de la imaginación que de la realidad y de la razón.

Mahavira no creía en los dioses, Buda tampoco, pero eso no impidió que a Mahavira lo hicieran santo y a Buda toda una divinidad.

"Que nadie siga mis pasos", dijeron Buda y Mahavira, "porque cada persona recorre su propio sendero", pero hasta hoy en día miles de millones siguen los pasos ajenos de los famosos gurús y maestros, en lugar de seguir los propios.

"Nadie hace verdaderamente caso de los dioses, solo los utilizan y creen en ellos por temor o por conveniencia", diría Voltaire, y el budismo no es ninguna excepción a pesar de no contar con dioses a quienes agarrarse, que para eso está Buda, el Despierto y despertador de la humanidad, dispuesto a conducir al Nirvana a todos y cada uno de sus creyentes, aunque, como los dioses, quizá el Nirvana tampoco exista y sea una promesa de futuro imposible de cumplir, un mito más para tranquilizar a la conciencia, que no a la consciencia, de sus seguidores.

-¿Dónde está el Nirvana, maestro?, que no lo encuentro.
-Dónde va a ser, ¡lo llevas en tu interior!

El pueblo no manda, pero habla, crea y recrea sus mitos y sus leyendas, y las religiones, grandes y pequeñas, como el budismo, son un buen caldo de cultivo para que esto suceda, como veremos en el capítulo siguiente.

X
Mitos y Leyendas
el Indo

Maestro, si todo es Maya,
una simulación, una ilusión,
¿cómo puedo saber cuándo
estoy despierto?
ARJUNA

Leyendas y mitos

Krishna y Rama son los principales dioses y héroes de la mitología hindú, donde también abundan santones sin nombre y hasta el mismo Buda en muchas de sus evocaciones, al que se le adjudican avatares dentro de los mismos lamas, ya que cada Dalai Lama que nace en el mundo es en cierta forma una reencarnación del Despierto, porque, al igual que otros Mesías, Buda también es Maitreya, El Gran Esperado.

En memoria de Krishna

Cuentan las viejas leyendas que Krishna, el más hermoso entre los hombres, las mujeres y los dioses, nació un 25 de diciembre, o un 6 de enero, por aquello de las diferencias de calendario, que en realidad es más sumerio que egipcio, griego, romano o cristiano, pero que nació sobre el solsticio de invierno del vientre santo de una virgen doncella, en un hogar humilde, y no en un palacio, y que fue adorado por sabios, santones, astrólogos y rajás.

Krishna era el esperado avatar de Visnú, el constructor, por lo que su madre era a su vez un avatar de Lakshmi, y por lo tanto un dios por los cuatro costados, hijos de dioses, y no un simple mortal o un semidios.

Sin embargo, el hermoso Krishna tenía sus días contados en este plano, ya que, si bien nunca moriría, tendría que regresar al plano celestial de los Pitris, y fundirse otra vez con Visnú o seguir su propio camino, pero ya no en el mundo.

Visnú reencarnando en Krishna

—¿Qué nos dejarás en el mundo cuando te vayas, divinidad? —le preguntaba Arjuna, su fiel vasallo.

—*La memoria de mi presencia.*

—*Yo nunca me olvidaría de ti, divinidad* -repuso algo ofendido Arjuna.

—*Bien, entonces te daré una gran fortuna y muchos placeres por disfrutar.*

Arjuna sonrió satisfecho, aunque no esperaba esa respuesta, y sumisamente dio las gracias a su maestro.

Al otro día, Arjuna amaneció en un suntuoso palacio lleno de todos los bienes, y en cuanto quiso ponerse de pie llegaron sus sirvientas y lo acicalaron, lo bañaron y lo vistieron con las más ricas sedas de Oriente.

Luego le sirvieron la mesa llena de manjares y bebidas sofisticadas.

Más tarde, sus empleados le rindieron cuentas, mostrándole las pilas de oro que recientemente habían aumentado sus ya fabulosas riquezas.

Se miró en el espejo y sí, era él, más joven y más gallardo, pero él.

Al atardecer llegó el séquito de un reinado vecino para presentarle los respetos de la princesa casadera que lo amaba desde hacía tiempo, y le mostraron la dote de la doncella para que aceptara casarse con ella.

Arjuna aceptó, y la princesa era hermosa de verdad y diligente, además de comprensiva con los deseos y las pasiones de su marido, porque nunca le impidió tener otras mujeres, concubinas o amantes, las que Arjuna quisiera.

En los torneos de arco era el más sobresaliente, y nadie le ganaba una partida de ajedrez; montaba a caballo como la mejor de las amazonas, y blandía la cimitarra como el guerrero más diestro y más valiente.

Nada ni nadie se le oponía, y todos lo respetaban o lo

querían, y, cuando tenía el más pequeño error o desliz, todos lo disculpaban.

Era tal su carisma y su poder, que podía matar a cualquiera sin que nadie le reclamara, sino todo lo contrario, gozando del aplauso por su acto.

Así día tras día.

Pasaron los años, tuvo una gran y feliz descendencia, y ya en su madurez un viejo santón se acercó a él y le dijo.

—Sin duda eres el favorito de Visnú.

—¿De quién? —contestó Arjuna.

—Quiero decir, de Krishna, el avatar de Visnú.

—No me suena...

—Tu dios y mentor, ¿no lo recuerdas?

—Yo soy budista y no tengo dioses ni creo en supercherías.

Entonces el viejo santón soltó una tremenda carcajada y todo alrededor de Arjuna se desvaneció, palacio, manjares, mujeres, esposa y descendencia se esfumaron ante sus espantados ojos.

El viejo santón se quitó el sayo y apareció un joven hermoso, azul y poderoso.

—¿Quién dirías que soy yo?

—¡Por todos los demonios! —exclamó Arjuna— ¡Maestro, maestro!

Y no pudo decir nada más, llorando y avergonzado por su ingratitud.

—Entonces, mi querido Arjuna, ¿qué deseas que te deje cuando me marche?

—Tu sagrada memoria, maestro, creo que con eso tendré más que suficiente.

—¡Qué así sea!

De esta manera, Krishna fue adorado para siempre.

SENDERO HACIA EL NIRVANA

—Maestro —preguntó el discípulo adelantado— ¿cuántas vidas necesito para liberarme de la Rueda de las Reencarnaciones y llegar al Nirvana.

—Con 144 es suficiente.

Al discípulo le parecieron muchas, porque se consideraba sabio y adelantado. En su próxima vida volvió a ser un discípulo adelantado.

—Maestro —preguntó el discípulo adelantado— ¿cuántas vidas necesito para liberarme de la Rueda de las Reencarnaciones y llegar al Nirvana.

—Con 288 será suficiente.

Le volvieron a parecer muchas. Murió y al reencarnar continuo sus estudios.

—Maestro —preguntó el discípulo adelantado— ¿cuántas vidas necesito para liberarme de la Rueda de las Reencarnaciones y llegar al Nirvana.

—Con 432 es posible.

Le parecieron demasiadas, porque cada vez era más sabio y estaba más adelantado. Murió, reencarnó, y volvió al estudio.

—Maestro —preguntó el discípulo cada vez más adelantado— ¿cuántas vidas necesito para liberarme de la Rueda de las Reencarnaciones y llegar al Nirvana.

—Con 576 lo puedes lograr.

Esta vez, no sabía por qué, le pareció un exceso para alguien como él que lo sabía casi todo. Murió, se reencarno, y siguió en el monasterio.

—Maestro —preguntó el discípulo adelantado— ¿cuántas vidas necesito para liberarme de la Rueda de las Reencarnaciones y llegar al Nirvana.

—Creo que 720...

—Son demasiadas —se quejó—, pero lo intentaré.

Murió, volvió a la vida y se aplicó con esfuerzo a la meditación y a purificar su cuerpo, su mente y su alma.

—Maestro, ahora que me siento alma vieja y comienzo a recordar mis vidas pasadas —inquirió el discípulo adelantado— ¿cuántas vidas necesito para liberarme de la Rueda de las Reencarnaciones y llegar al Nirvana.

—Con 864, más o menos.

Murió, se reencarnó e insistió con toda su alma.

—Maestro —preguntó casi flotando en el aire— ¿ahora cuántas vidas necesito para liberarme de la Rueda de las Reencarnaciones y llegar al Nirvana.

—Solo 1008 vidas, solo eso, nada más.

—Maestro, con todo respeto, ahora sé muy bien lo que pasó en mis vidas pasadas, y si mal no recuerdo la primera vez que hice esta pregunta, mi guía espiritual me dijo que con 144 vidas era suficiente, ¿cómo es que cada vez me faltan más?

—Porque el orgullo, la vanidad y la soberbia no te han permitido avanzar, y vida tras vida has ido involucionando.

El discípulo adelantado no dijo nada, colgó los hábitos, dejó de estudiar, no volvió a preguntar cuánto le faltaba para llegar al Nirvana, se despidió de manera muy grosera de su maestro, se fue a la ciudad, y ahí llevó una vida de pecados y de excesos, hasta que murió feliz y satisfecho en brazos de una cortesana.

Y no, no llegó a las puertas del Nirvana, pero en su próxima reencarnación vivió sencillamente y en paz, a solo 137 vidas de liberarse del Samsara.

EL DESPERTAR DE VISNÚ

Un buen día al amanecer en Pitriloka, Visnú se despertó tras un largo y reparador sueño de unos cuantos millones de años.

Parvati dijo sesudamente que algún día tenía que suceder.

Shakti, cuida el sueño de Visnú

Shakti se culpó por no haber estado al tanto del sueño de su señor.

Todos en la Tierra se asustaron y corrieron y gimieron y lloraron gritando, ¡se ha despertado El Constructor, todo ha acabado!

Pero no, no todo acabó.

Brahma no intervino ni recogió su aliento divino.

Shiva no sacó la espada ni disparó desde su vimana el fuego destructor.

Nadie sabía lo que estaba pasando hasta que Visnú dijo:

—No se preocupen, porque, aunque soñando yo siempre he estado despierto, mientras los que creían que estaban vivos y despiertos, solo se encontraban soñando en Maya, la ilusión de la existencia, y ahí siguen y seguirán por mucho tiempo.

—¿Qué pasará cuando despierten? —Le preguntaron.

—Nada, solo que no llorarán, ni correrán ni gemirán ni gritarán espantados porque aceptarán despiertos que todo se acabó.

DESAPEGO

Buda se lo dijo, hay que renunciar a todo apego.

Así que él mató al ego.

Renunció a sus bienes y a sus posesiones.

Lo abandonó todo.

No dependió ya jamás de nada ni de nadie, ni por amor ni por interés ni por odio o por desamor.

Se apartó para siempre de su pueblo, de su familia, de sus amigos y de sus parientes.

Borró su nombre y su filiación.

Superó todas las necesidades y todas las ansiedades.
Venció todos los pecados, vicios y tentaciones.
Y solo al final de todo comprendió que estaba total y
completamente apegado y enganchado al desapego.

EL MITO ASTROLÓGICO DE LA REENCARNACIÓN

La astrología hindú pasa por ser una de las más refinadas, tanto en sus cálculos astronómicos como en su sentido ulterior que va más allá de la simple comparación entre los ciclos estelares y lo que sucede en la Tierra y con las personas dependiendo de estos ciclos.

No se sabe a ciencia cierta cual de todas las astrologías es la más antigua, si la sumeria o la egipcia, la china o la hindú, pero solo la hindú la incorpora al Samsara o Rueda de la Vida y las Reencarnaciones.

Los griegos tuvieron la idea de la metempsicosis, o trasmigración de las almas, que consiste en que una persona que sabe que va a morir traspasa su alma al cuerpo de otra persona; y en la mitología semítica existe la posibilidad de que un ser divino, como Jesús, resucite de entre los muertos para ascender después al Cielo en cuerpo y alma, mientras que Enoch y Elías subieron al Cielo sin haber fallecido físicamente, con lo que vencieron a la muerte; Orfeo rescata a Eurídice del Averno, pero no la resucita ni la reencarna; Izanami sale del Yomi para regresar al mundo, pero, como buena diosa, nunca murió, y los fantasmas que en julio se le aparecen a sus deudos y familiares, no reencarnan, siguen siendo yokai o yurei, dependiendo del caso; así que la reencarnación hindú es toda una novedad entre las mitologías del mundo antiguo:

Hay doce signos:
Aries, energía masculina.
Tauro, energía femenina.
Géminis, energía neutra o complementaria.
Cáncer, energía maternal y lunar.
Leo, energía real y solar.
Virgo, energía femenina.
Libra, energía masculina y masculina equilibradas.
Escorpio, energía del alma.
Sagitario, energía espiritual.
Capricornio, energía material.
Acuario, energía mental.
Piscis, energía emocional.

Los signos forman cuatro triadas elementales:

Aries, Leo y Sagitario, elemento Fuego, camino del sendero espiritual.
Tauro, Virgo y Capricornio, elemento Tierra, sendero material y corporal.
Géminis, Libra y Acuario, elemento Aire, sendero mental y racional.
Cáncer, Escorpio y Piscis, elemento Agua, sendero emocional.

Los signos forman tres cruces de destino:
Aries, Cáncer, Libra y Capricornio, Cruz Cardinal, cú-

pula de la evolución espiritual, donde Aries viene a actuar, Cáncer a sufrir, Libra a armonizar y Capricornio a liberar o a conducir las almas al final del Samsara.

Tauro, Leo, Escorpio y Acuario, Cruz Fija, la Cruz del Trabajo, estado medio de la evolución espiritual, donde Tauro viene a administrar y sembrar, Leo a mandar y dirigir, Escorpio a crear y a profundizar, y Acuario a pensar y descubrir.

Géminis, Virgo, Sagitario y Piscis, Cruz Mutable, estado inicial de la evolución espiritual, los recién nacidos, los niños y los adolescentes del Samsara, donde Géminis viene a curar y trasmitir, Virgo viene a servir y a escribir, y Piscis viene a sentir y a experimentar.

Camino de la evolución positiva:

El signo natal señala la vida actual y el signo ascendente la próxima vida y la posible fecha de muerte.

Si el signo natal pertenece a la Cruz Mutable, para ascender espiritualmente el ascendente debe estar en la Cruz Fija o en la Cruz Cardinal.

Si el signo natal pertenece a la Cruz Fija, para ascender espiritualmente el ascendente debe estar en la Cruz Cardinal.

Si el signo natal pertenece a la Cruz Cardinal, para ascender espiritualmente el ascendente debe estar en Capricornio, la puerta final del Samsara.

Aunque no lo parezca, cada quien escoge dónde, cómo y cuando nacer, para seguir así el camino hacia el Nirvana depurando sus karmas y elevando su alma.

CAMINO ESTANCADO O DE EVOLUCIÓN NEGATIVA:

Si el signo natal pertenece a la Cruz Mutable y el ascendente se encuentra en la Cruz Mutable, el estancamiento no es preocupante.

Si el signo natal pertenece a la Cruz Fija y el ascendente se encuentra en la Cruz Fija, el estancamiento exige más aprendizaje y trabajo para evolucionar positivamente, pero si el ascendente se encuentra en la Cruz Mutable, hay una clara involución.

Si el signo pertenece a la Cruz Cardinal y el ascendente se encuentra en la Cruz Cardinal, hay estancamiento, aunque cercano al final del Samsara y, por lo tanto, a la liberación espiritual; pero si el ascendente se encuentra en las Cruces Fija o Mutable, hay una clara involución negativa y la obligación de depurar el alma.

Capricornio ascendente Capricornio es la posición más elevada y más cercana a la liberación espiritual y a superar la Rueda de las Reencarnaciones y la Sucesión de las Vidas, es decir, el Samsara, para poder gozar por fin de la existencia espiritual.

¿CUÁNTAS VIDAS SE NECESITAN PARA EVOLUCIONAR POSITIVAMENTE?

Por lo menos se necesitan 144 vidas (doce signos natales por doce signos ascendentes) para liberarse del Samsara, ya que una vida es insuficiente para aprender física, emocional y mentalmente lo necesario para avanzar.

Hay quien necesita más y hay quien necesita menos, pero, por lo menos, se debe encarnar y reencarnar el 49%

como hombre, 1% como energía neutra y 50% como mujer, es decir, 71 vidas como hombre, una vida neutra y 72 vidas como mujer.

Cada signo tiene su karma, o tarea a cumplir, y su darma, o manera de realizarla, y no hay más acierto o error, bien o mal, que el cumplimiento de esa tarea.

Por ejemplo, Cáncer viene a sufrir y a sublimar ese sufrimiento, si no lo hace y se dedica a la obtención de placer, tendrá que repetir vida; mientras que Leo viene a brillar y a regir, por lo que, si se oscurece o esconde, tendrá que repetir esa experiencia vital en otra vida.

El destino no está escrito, solo señala el camino a recorrer.

Todo el que está en este mundo lo está por voluntad propia, porque ha elegido experimentar este plano de la existencia, y al final del final de todos los tiempos todo volverá a la Luz Continua, por lo que no hay que preocuparse demasiado y aprender a tener paciencia, mucha paciencia, porque la verdad es que nada comienza ni nada termina, solo se experimenta.

EL MITO DEL MATRIMONIO PERFECTO

Brahma y Saraswati son el ejemplo del matrimonio perfecto.

Brahma protege y provee.

Saraswati cuida y administra.

Pero también puede ser al revés, como en el caso de Shiva y Parvati, donde el destruye y ella repara.

La clave está en el complemento, en el que uno llena los espacios y huecos del otro, en total camaradería, libertad y respeto.

Él podrá tener muchas esposas, pero solo una es su complemento.

Ella podrá tener muchos maridos, pero solo uno es su complemento.

Ambos se bañan y depuran en el Ganges del amor, el cariño, la comprensión y el respeto.

Por eso, cuando el matrimonio es perfecto, ella se incinera junto al cadáver de su esposo, y él deja de vivir al poco tiempo de fallecer ella, ya que el uno sin el otro son seres rotos e incompletos.

Hay seres completos en sí mismos que no sufren de la ausencia de otro o de la soledad, y que tienen el matrimonio perfecto consigo mismos pues no requieren de ningún complemento.

La Espiral Kármica

Algunos santones cuentan y dicen que Samsara no es lineal, que el tiempo es una ilusión más de esta simulación a la que llamamos vida.

Al morir no vamos al futuro.

Al nacer no vamos al presente.

La Espiral Kármica de la Rueda de las Reencarnaciones abre y cierra las puertas en cualquier momento y en cualquier lugar.

La Espiral Kármica no tiene alto ni bajo.

Ni fondo ni ancho.

Ni arriba ni a un lado.

Es una espiral a dónde van las almas tras la muerte para beber el néctar del olvido buscando la liberación, si han sido rectas y puras, o para esperar el renacimiento si aún quedan cosas por aprender en el sendero.

La espiral lleva y trae, y abre y cierra las puertas en cualquier punto del espacio tiempo, por lo que se puede nacer en el pasado o en el futuro, ayer, hoy o mañana en el más inmediato presente, y en cualquier lugar del universo, en este mundo y dimensión, o en otras dimensiones o planetas.

Todo depende de las experiencias que se requieran para evolucionar correcta y positivamente.

Tu abuelo puede ser tu hijo, un paria puede reencarnar en brahman, una mujer puede ser un antiguo guerrero, y un sabio puede nacer casi sin cerebro. Todos deben ser bienvenidos y todos merecen respeto, porque también se puede renacer como flor, como animal o como insecto.

El karma se limpia con el darma, nadie es mejor ni es peor, porque cada quien renace en lo que necesita su espíritu para alcanzar el Nirvana, y el aprendizaje puede ser de una sola vida, o ser prácticamente eterno.

La Espiral Kármica puede abrir sus puertas delante del Cielo o en pleno Nirvana, nadie puede saberlo, por eso es mejor llevar una vida recta por el Sendero del Medio y así no tener cargas negativas para próximas vidas, acercándonos cada vez y un poco más a la liberación espiritual deseada.

La Espiral Kármica no tiene alto ni bajo.

Ni fondo ni amplio, ni tiempo ni espacio.

Por eso abre y cierra la puerta en cualquier lugar y época.

Pero no se equivoca nunca, pues sigue el camino adecuado para cada renacido.

Por tanto, sigue tu propio camino, pues no hay otro sendero.

EL NACIMIENTO DE GANESHA

Cuenta una leyenda que Parvati, la esposa de Shiva, tenía problemas para dar a luz, pues cualquier ruido o intromisión a su intimidad evitaba que pariera.

Por eso, un día que quedó embarazada y Shiva se ausentó, le pidió a un joven deva que guardara la puerta de su dormitorio, para así poder dar a luz sin que nada ni nadie la molestara.

El joven deva así lo hizo, y no dejó que nada ni nadie la molestara mientras paría.

Echó fuera a cuantos se acercaron a la puerta de Parvati, incluso al mismo Shiva que regresaba de una cacería.

Shiva, el destructor, primero se lo tomó a broma, pero ante el celo del joven deva empezó a irritarse.

De nada sirvió que le dijera quién era él, el Dios de la Destrucción, pues el joven deva no lo dejaría pasar ni siendo el mismo Brahma.

Shiva entró en cólera, sacó su espada y, de un solo tajo, decapitó al joven deva.

Al oír el grito de muerte, Parvati salió de su habitación con un bebé recién nacido en brazos y le explicó a Shiva el motivo para que el joven deva no dejara pasar a nadie, y que ahora había pagado con su vida.

Shiva, feliz por su paternidad, corrió a la selva para buscar remedio para el joven deva que acababa de decapitar, y lo primero que encontró fue a un elefante blanco al que cortó la cabeza para ponérsela al joven deva y así devolverle la vida.

Al principio el joven deva no estuvo muy contento con su cabeza de elefante, pero al ver que atraía la abundancia sobre todos aquellos que lo miraban con asombro y respeto, comenzó a sentirse mejor.

Además, Parvati lo adoptó como un hijo más, y Shiva siempre se sintió en deuda con él por haberle cortado la cabeza.

LAS CIEN ESPOSAS DE KRISHNA

Cuentan que el hermoso y brillante Krishna se casó con cien mujeres sin cometer adulterio ni abusar de ellas.

¿Cómo?

Pues resulta que un día pasaba por un lujoso reino donde el poderoso Rajá tenía un harem de cien mujeres, todas ellas secuestradas de los reinos vecinos, hermosas, talentosas y castas.

Cuando Krishna las escuchó llorar, porque el Rajá, que era viejo, gordo y feo, quería desflorarlas, y, aquella que se negara, la pasaría por la espada y mataría a sus padres en castigo por el desprecio.

Krishna no podía combatir él solo al Rajá, ni tenía tiempo para llamar a su ejército, así que urdió un plan.

Se presentó ante el Rajá y le dijo, "no puedes tomar como esposas a las que ya son mujeres mías, pues no son puras".

El Rajá se sorprendió mucho, pues creía que todas aquellas hermosas jóvenes eran solteras y castas y puras, y aunque no le gustó nada, ante los testimonios de todas ellas que aseguraban haber tenido relaciones con el bello Krishna, las dejó ir.

Krishna las acompañó por el bosque, pero ellas no querían regresar a sus hogares ahora que todo el territorio sabía que no eran castas y puras, pues habían jurado que eran esposas de Krishna, y no podían vivir con el deshonor de que eso fuera una mentira, y corrían además el riesgo de volver a caer en manos del Rajá.

Krishna lo pensó unos instantes, y de inmediato tuvo la solución: "¡Llamar a un monje, sacerdote o santón! ¡Vamos a celebrar una boda!"

Y se casó con todas ellas, y así limpió su honor y evitó que el Rajá volviera a pretenderlas.

Krishna no las tocó, pues por aquel entonces tenía esposa y compañera.

Las cien doncellas, agradecidas, erigieron un templo en la región para recordar a su casto esposo Krishna, y ahí vivieron todas manteniéndose talentosas y puras hasta el final de los tiempos.

EL GURÚ Y EL KAMA SUTRA

El viejo santón vio la portada del libro y leyó: "El ejercicio del placer", y se dijo que quizá era bueno leer algo sobre lo que se debía superar para alcanzar el Nirvana.

"Quizá hable del ego y la vanidad", se dijo.

"De comer o de beber", pensó.

"De las ataduras familiares y emocionales."

Así que lo tomó, lo abrió, y algunas páginas más tarde lo cerró, y lo dejó en el suelo.

—¡Vaya tiempo perdido! —se lamentó.

—¿Leer un libro es tiempo perdido? —Le cuestionó otro santón.

—No —dijo el viejo gurú— el tiempo que perdí es el no haberlo leído antes de renunciar al sexo, así al menos lo habría gozado pecaminosa y placenteramente, y saber a lo que iba a perderme para siempre.

LA QUEJA

Cuando el santón de vida cuasi perfecta murió y se encaminaba al Nirvana, vio pasar delante de él al pervertido Raja, al salteador de caminos, a la prostituta descarada, al asesino del pueblo y a un sucio paria.

—¡No es justo! —Se quejó.

Buda se le apareció en ese instante y le preguntó: ¿Qué te parece injusto?

—Reverendo señor, no lo entiendo.

—¿Qué es lo que no entiendes si ya estás por entrar en el Nirvana?

—No entiendo cómo el pervertido Rajá, el ladrón de los caminos, la ramera, el asesino y el pícaro paria van delante de mí.

—Obviamente porque el Nirvana no es privilegio de nadie, sino de los que se han iluminado y despertado, como tú.

—¡Oh!

—Así es mi querido gurú, y, si te sigues quejando ¡ahora mismo te devuelvo al Samsara!

EL PLACER DE VIVIR

Cuenta una famosa leyenda que un día Buda decidió

reencarnarse en cerdo, para ver lo que se sentía, pensaba y decía en el mundo de los cerdos.

Así que nació cerdo por primera vez, pero al poco de nacer fue sacrificado y servido en la cena, por lo que no pudo conocer más a fondo el mundo de los cerdos, así que volvió a reencarnar en cerdo.

Esta vez se salvó del sacrificio inmediato, pero en cuanto ganó un poco de peso fue desollado y enviado a la cazuela.

"Probaré en una familia fiel al budismo que sea vegetariana", se dijo a sí mismo, y volvió a reencarnarse en cerdo.

Esta vez logró su cometido, y creció lo suficiente para conocer a una linda cerdita y tener con ella unos hermosos cerditos, a los que no se comieron en la familia vegetariana, pero que sí los vendieron, lo que le causó a Buda tal dolor, que murió de la angustia.

Tras superar el dolor de la pérdida, volvió a reencarnarse en cerdo para vivir la experiencia de la vejez, esta vez en una familia vegetariana que no se dedicaba a vender a los cerdos, sino su rico y preciado estiércol.

Volvió a nacer, crecer y reproducirse, hizo amigos entre los cerdos que eran mucho más inteligentes de lo que siempre había supuesto, tuvo una cerda maravillosa y unos hijos sanos y fuertes que lo acompañaron en su vejez.

Cuando murió ni siquiera se cuestionó en qué o en quién iba a reencarnar, y le pareció natural hacerlo otra vez en cerdo.

Así pasó varias reencarnaciones, feliz y contento de ser cerdo, tragando, haciendo el amor y revolcándose en el fango, hasta que un santo gurú, Lama de un pequeño templo, lo reconoció, y se lo llevó consigo al monasterio para que recuperara el entendimiento.

Tras varias sesiones que no le gustaban nada al cerdo, murió el gurú y esperó al Buda cerdo a las puertas del Nirvana, para que cuando este muriera le pudiera mostrar la verdadera grandeza de su alma.

El cerdo murió y se encontró en el más allá con el Lama, y lo escuchó con paciencia, pero no quiso entrar con él al Nirvana, sino que se lanzó nuevamente a reencarnar como cerdo, pues la vida de cerdo era placentera y agradable.

Unos cuentan que, al final Buda, tras una larga lista de reencarnaciones llenas de escarnios, matanzas y sufrimientos como cerdos, llegó a reencarnar como hombre hasta alcanzar nuevamente el estado de despierto, y así poder entrar y salir del Nirvana cuando le apeteciera.

Pero otros aseguran que nace, muere y renace tan contento en su granja de cerdos, que piensa quedarse ahí, reencarnando y reencarnando hasta el final de los tiempos.

Epílogo:
India eterna

El tiempo no pasa
y tampoco permanece,
todo son ciclos que se repiten
siempre, siempre.
Proverbio Bengalí

Yoga, reencarnación, meditación trascendental, budismo, jainismo y sijismo que se mezclan con el perene hinduismo y prometen la posibilidad de escapar de Samsara, la Rueda de las Reencarnaciones, y gozar finalmente de una elevada vida espiritual en paz y armonía eternas, sin los lazos ni los sufrimientos materiales, anímicos y mentales que enfrentamos en esta vida.

La India cuenta en nuestros días con más de mil quinientos millones de habitantes, más que en China y que en todo África, lo que la hace el país más poblado del planeta con sus más de tres millones de kilómetros cuadrados de territorio, que alguna vez alcanzaron Pakistán, Bangladés y los Himalaya.

Cuatro de las grandes religiones tienen fieles en la India: budismo, jainismo, sijismo e hinduismo, y las sectas dedicadas a dioses particulares, locales o tradicionales son incontables, sin olvidarnos de las religiones judeocristianas como el islam, el catolicismo y el cristianismo, que conviven y a veces malviven con las anteriores.

A pesar de que el jainismo no hace distinciones entre hombres y mujeres (tampoco entre clases), y que algunas escuelas budistas ya aceptan monjas entre sus filas, no se puede decir que el feminismo haya avanzado mucho en la India en los últimos cinco mil años.

La mayoría de la población, sin importar el credo que se profese, sigue siendo hinduista, supersticiosa, tradicional y muy apegada a su mitología, con un Bollywood que la recrea constantemente incluso en las más modernas producciones.

El sistema de castas sigue dominando el espectro social, y nacer paria o nacer brahmán condiciona en buena parte el resto de la vida, por mucho que algún paria sea millonario y ocupe puestos de gobierno, y algún brahmán no pase de ser clase media y carezca de oportunidades en el mundo laboral hindú.

Las supersticiones y el surrealismo fantástico abundan en la vida diaria, y los dioses mitológicos forman parte del ethos cultural de la mayoría de la población, a pesar de contar con grandes científicos y genios matemáticos, una tecnología muy avanzada y una economía de lo más comercial y dinámica, porque su día a día es caótico, la pobreza alcanza niveles alarmantes, la higiene brilla por su ausencia, la corrupción es abrumadora en todos los niveles de gobierno y de la sociedad, y, sin embargo, viven con la alegría que da la esperanza y las promesas de liberación espiritual que los sacará del Samsara para siempre y los conducirá con paso firme al Nirvana.

La mitología hindú es la India misma, ayer, hoy y

parece que durante muchos años venideros, con Ganesha repartiendo una fortuna que no llega, y Maya creando la ilusión perfecta e imperfecta de la vida en el planeta, por lo menos hasta que Visnú despierte y Shiva lo destruya todo, con lo que, de una o de otra manera, todo volverá a los brazos de Brahma, el principio espiritual y universal de la existencia.

Bibliografía

Bhagavad Gita, Sirio, Málaga, 2022.

Eliade, Mircea, Lo sagrado y lo profano, Paidós, Barcelona, 2014.

Hesse, Hermann, Siddhartha, Bruguera, Barcelona, 1981.

Kipling, Rudyard, El libro de la selva, Alma Editorial, Barcelona, 2022.

Osho, *Upanishads*, su historia y enseñanzas, Gaia, Madrid, 2015.

Juan Miguel de Mora, (trad.) *Rig-Veda* , Conaculta, México, 2010.

Tapia Rodríguez, Javier, El gran libro de las Mitologías, Plutón Ediciones, Barcelona, 2023.

Tatsay, Jay, Sabiduría oriental, Plutón Ediciones, Barcelona, 2019.

Valmiki, Rishi, *Ramayana*, CreateSpace Independent Publishing, USA, 2016.

Viasa, *Mahabarata*, Hastināpura, España, 2012.

Weber, Max, Sociología de las religiones, Istmo, Madrid, 1997.

ÍNDICE